BlogBuster
Gagner de l'Argent avec un Blog

JEAN-BAPTISTE VIET

Blogueur
Jeanviet.info | Teletuto.fr | BlogBuster.fr

Responsable Marketing @
Orange.fr | Voila.fr | 118712.fr

Entrepreneur @
Jeanviet

ISBN: 978-29549749-1-0
Couverture : Nicolas Aubert

BlogBuster c'est aussi un blog
BlogBuster.fr

TABLE DES MATIERES

AVANT-PROPOS

Le succès est la somme de petits efforts,
répétés jour après jour.
Léo Robert Collier

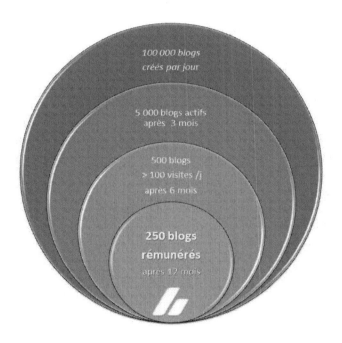

Figure 0-1 : de la création de blog à la monétisation

Créer un blog est à la portée de tous, il suffit de se connecter à Internet et de savoir utiliser un traitement de texte en ligne. Créer un blog de qualité, bien rédigé, régulièrement mis à jour n'est pas plus compliqué, mais demande un peu plus d'efforts.

Si vous vous êtes procuré ce livre, il y a fort à parier que vous soyez dans ces bonnes dispositions. L'objectif de cet ouvrage est de vous amener bien au-delà de la création de blog en vous apprenant à gagner de l'argent sur Internet grâce à vos écrits.

Pour y arriver, il ne faut pas faire appel à la chance ou user d'une quelconque technique secrète enseignée par un pseudo gourou du marketing qui n'a jamais travaillé dans une organisation web.

Il faut allier effort et régularité dans le temps en utilisant la boîte à outil du responsable marketing Internet / entrepreneur web : gestion de projet, rédaction web, ergonomie, design, HTML, analytics, référencement naturel, community management, création d'entreprise, droit d'Internet, publicité en ligne.

Tous ces concepts seront abordés de façon progressive, didactique et accessible dans le présent ouvrage afin que vous puissiez à la fin transformer votre blog en BlogBuster.

Pourquoi un livre pour apprendre à bloguer ?

Quand vous plantez une graine une fois, vous obtenez une seule et unique récolte. Quand vous instruisez les gens, vous en obtenez cent.
Confucius

Chaque jour, nous sommes des millions en France à participer à la construction d'un savoir collectif en publiant des articles de blog, en ajoutant des commentaires en ligne, en donnant notre avis sur des sites de sortie, en posant ou en répondant à des questions sur les forums.

Plus de 40 millions d'internautes français accèdent chaque mois à ce savoir co-construit en posant directement leurs questions sur le moteur de recherche Google :

- Quand la réponse vient d'un forum, l'information pertinente est difficile à trouver et est souvent peu fiable.

- Quand la réponse est donnée par Wikipédia, l'information est bien structurée et plutôt neutre en général. Ce dernier aspect propre à Wikipédia compliquant les choses si nous sommes dans un processus de décision.

- Quand la réponse vient d'un bon blog, on a une réponse structurée, avec un avis tranché. On connaît l'auteur, ses prises de position et le retour d'expérience qu'il nous offre dans son article nous aident à prendre une décision.

En effet, si l'auteur du blog a réellement testé ce dont il parle et ne se contente pas de paraphraser ce qu'il a lu ailleurs, la réponse apportée par un blog présente une grande valeur pour le lecteur qui la découvre et donc pour l'annonceur qui la subventionne à travers la publicité.

Je voudrais par ce livre vous encourager à partager votre savoir et vos expériences à travers un blog. Pour ceux qui ont déjà un blog, je voudrais vous donner mes recettes pour le faire connaître et en tirer une source de revenu complémentaire.

Tout ceci afin que le savoir collectif soit plus riche, structuré, partagé et que votre contribution à ce savoir soit récompensée à sa juste valeur.

Comment lire ce livre ?

La course devrait être une activité permanente. Approchez-la patiemment et intelligemment et elle vous récompensera pour un long, long moment.
Michael Sargent

À qui s'adresse ce livre ?

Ce livre s'adresse :

- aux passionnés qui veulent partager leurs connaissances en ligne mais qui ne savent pas comment s'y prendre pour créer un blog,

- aux blogueurs débutants qui veulent savoir comment rédiger de bons articles et faire connaître leur blog au-delà de leur propre réseau relationnel,

- aux blogueurs confirmés qui veulent se professionnaliser, gagner de l'argent en bloguant, dans le respect du cadre légal.

Comment est organisé ce livre ?

Ce livre explore toutes les problématiques que va rencontrer un blogueur pendant la durée de vie de son blog :

- de la phase de création (partie 1),

- en passant par la phase de croissance (partie 2),

- jusqu'à l'étape éventuelle de monétisation (partie 3).

Si vous faites les choses bien, la phase de création de votre blog vous prendra entre 1 ou 2 week-ends. La phase de croissance nécessitera une régularité de rédaction (1 ou 2 articles par semaine) et vous verrez les résultats d'audience seulement après 6 mois.

La phase de monétisation interviendra un an après la création de votre blog lorsque vous aurez atteint un niveau d'audience critique (au moins 500 visiteurs / jour).

Vous l'aurez compris, le blogging est une course de fond. Chaque étape est importante et pour réussir il faut allier effort et régularité dans le temps.

Comment lire ce livre ?

Si vous avez déjà un blog, je vous recommande de lire ce livre du début à la fin d'une traite pour avoir la photographie globale. Vous pourrez éventuellement passer certains chapitres de la première partie (créer un blog) pour gagner en rapidité. Si vous n'avez jamais créé de blog, je vous recommande de passer du temps sur la première partie en prenant quelques notes pour alimenter votre propre brief créatif.

Pour pouvoir aborder la lecture des parties 2 et 3 de façon efficace, il faudra absolument que votre blog soit en ligne et donc que vous ayez pris 1 ou 2 week-ends pour créer votre blog et publier votre premier article. En parallèle de ce livre, j'ai créé le blog **BlogBuster.fr** afin de me remettre dans la configuration du blogueur qui démarre. Je m'appuierai sur le blog BlogBuster.fr pour illustrer concrètement chaque étape de la création de blog (partie 1).

Pendant la durée de vie de votre blog, vous serez amené à revenir régulièrement consulter les différents chapitres de ce livre. Chaque chapitre a été construit pour vous apprendre à faire quelque chose de concret à la fin. Exemples : créer une newsletter, créer une entreprise, personnaliser le design de son blog.

Tout au long du livre, je partagerai avec vous mes retours d'expérience de plus de 8 ans de blogging sur Jeanviet.info. Rien ne vous sera caché, je partagerai aussi bien mes succès fulgurants que mes échecs foudroyants. Un chapitre entier y sera d'ailleurs consacré à la fin.

L'objectif principal de ce livre est de vous donner une méthode pour bien bloguer. Par rapport à la richesse des thèmes abordés, je ne pourrai bien évidemment pas rentrer dans le détail de chaque nouvel apprentissage. À chaque fin de chapitre, vous aurez une zone « À retenir» où je ferai un résumé des choses importantes vues dans le chapitre à mettre en pratique sur votre blog et une zone « Aller plus loin » où je vous renverrai sur des liens vous permettant d'approfondir les sujets en ligne.

Comment reconnaître un paragraphe dédié à WordPress ?

Dans beaucoup de chapitres, je fais référence à l'outil de publication gratuit WordPress. C'est bien sûr la plateforme de blog que je vous recommande d'installer et d'utiliser. Si vous êtes sur Blogger ou Tumblr, vous pourrez tout de même lire les chapitres dédiés à WordPress, il faudra juste que vous trouviez par vous-même les plugins ou modifications du code HTML spécifiques à ces plateformes (la théorie est la même, seule la pratique change).

Chaque fois que j'expliquerai une manipulation liée à WordPress ou que je parlerai d'un plugin WordPress, vous aurez le même traitement graphique que cette sous-partie : trait vertical à gauche et fond grisé. Vous pourrez ainsi en première lecture survoler rapidement l'encart WordPress et y revenir plus tard au moment où vous en aurez besoin. À la fin de l'ouvrage, vous retrouverez une liste récapitulative des plugins WordPress à installer.

Insertion de définitions au sein des chapitres

Comme indiqué au tout début de cette partie, je souhaite que cet ouvrage soit compris de tous. Pour gagner de l'argent en bloguant, il faut jongler avec pas mal de concepts sans forcément les maîtriser de bout en bout. Il faut comprendre quelques notions liées aux principaux métiers du Web : ergonomie, design, langage HTML, hébergement, mesure d'audience, référencement naturel, publicité en ligne, droit d'Internet.

Chaque fois que j'introduirai dans un paragraphe un concept nouveau pour celui qui ne travaille pas sur Internet, il sera suivi d'une définition **"c'est quoi ça ?"**. Cette définition aura le même traitement graphique que cette sous partie : encadré noir. Les débutants en blogging pourront ainsi tout au long de leur lecture bien comprendre chaque concept, les experts pourront ignorer les concepts qu'ils maîtrisent déjà. À la fin de l'ouvrage, vous retrouverez un glossaire récapitulatif.

À propos de l'auteur

Choisissez un travail que vous aimez et vous n'aurez pas à travailler un seul jour de votre vie.

Confucius

Jean-Baptiste Viet, 33 ans, jeune marié (depuis 2010), jeune papa (depuis 2011) et ancêtre du Web (connecté depuis 1997). Depuis 2005, il gagne sa vie grâce à Internet ! La semaine, pendant les heures ouvrées, il est responsable marketing au portail Orange.fr.

Le soir et le week-end, depuis avril 2006, il édite le blog Jeanviet.info un guide Web et multimédia gratuit accessible à toute la famille. Pendant des années, son blog s'est classé en tête des blogs High-Tech les plus consultés allant jusqu'à totaliser près de 300 000 visiteurs uniques Médiamétrie/Netratings par mois. Grâce à la publicité, depuis 7 ans, son blog lui apporte un complément de revenus moyen net de 1 800 € par mois.

Diplômé d'une Maîtrise de Sciences de Gestion option Marketing à la Sorbonne (Paris I) et d'un Master 2 Commerce Electronique à Paris XII, il a rejoint en 2005 Wanadoo.fr en tant qu'expert Web Analytics puis a exercé successivement les fonctions de Chargé d'Etude à la régie publicitaire Orange Advertising Network, Chef de projet aux moteurs de recherche Orange.fr / Voila.fr, Responsable marketing du 118712.fr.

Remerciements

Je dédie cet ouvrage à toutes les personnes, entreprises, communautés, qui grâce à leurs aides, conseils, outils ont permis à mon blog d'exister, de croître et de prospérer pendant presque une décennie. Un grand merci à :

- **OVH** qui héberge à moindre coût et avec une excellente qualité de service tous mes blogs depuis 2006.

- **WordPress** (et la communauté qui gravite autour) qui me permet d'avoir un outil de publication gratuit, flexible et professionnel.

- **Cédric**, commentateur au début sur le tutoriel Super, modérateur sur le forum ensuite, puis Webmaster de TeleTuto.fr qui est devenu par la suite mon ami.

- **The Bloom** de Freewares et Tutos qui me suit depuis le début, m'encourage, me relaie sur son blog régulièrement.

- **Daria, Furious, Tdj, cc69, Ziharmo, Manu, Ptit Fred**, **Manuel** qui ont publié pas mal de tutoriels et d'articles et ont bien alimenté mon site à son lancement.

- **Greg, Pierre 69, Dria** qui ont répondu pendant des années spontanément à toutes les questions sur mon tutoriel Notepad++.

- **Fabienne, Aude, Agnès, Luc** qui m'ont permis d'intégrer le groupe Orange, m'ont appris les rudiments de la mesure d'audience sur Internet et à générer des revenus publicitaires sur trois des dix plus grands portails Internet français : Wanadoo.fr, Voila.fr, Orange.fr.

- **Arnaud**, un ami, en stage chez France Télécom avec moi en 2005, qui a tenu pendant 8 mois un blog très suivi sur la Nintendo Wii (Nintenblog.fr). L'expérience positive d'Arnaud dans le blogging a été un moteur pour moi.

- **Olivier** de WebRankInfo qui grâce à sa formation référencement naturel m'a donné les bonnes bases SEO pour faire décoller l'audience de mon blog.

- **Sonia**, ma femme qui m'a soutenu, supporté et a géré les tâches du quotidien pendant que je passais des heures entières sur mon blog.

- **Google AdSense**. Merci à **Aude** et à **Valentin** qui m'ont été de bon conseil pour monétiser au mieux mes contenus.

- **Microsoft**. Merci à **Franck, Nicolas, Joseph** pour avoir permis à mes lecteurs de gagner des logiciels Office et Windows et d'avoir mis mon site en visibilité durant les TechDays 2008.

- **Bruno** de PC-Occasion.fr qui a été particulièrement généreux avec mes lecteurs.

- **Jeff** fondateur historique du plus grand site High-Tech français – j'ai nommé CommentCaMarche – m'a fait l'honneur de m'accueillir dans sa liste très réduite de partenaires de confiance.

- **Mon père, Bernard, Kim** pour m'avoir donné un coup de main sur ma comptabilité quand les services des impôts me sont tombés dessus fin 2012.

- **Nicolas** pour le design du blog BlogBuster et la magnifique couverture de ce livre, à **Emilie** pour le design de Jeanviet et à la **team Devince** pour le logo de TeleTuto.

- **Coreight.com, Blogmotion.fr, JusteGeek.fr** qui ont relayé très rapidement et très sympathiquement auprès de leurs lecteurs la première version e-book de ce livre.

Un grand merci également à **mon père** (une fois de plus), **Philippe** (architecte logiciel qui tweete @ phil_alex), **Alexandre** (directeur marketing et blogueur @ trentejours.com), **Florence** (développeuse Web et blogueuse), **Jacques-Line** (auteur autoédité à succès et blogueuse @ jacquesvandroux.blogspot.fr), **Jérôme**, **Thierry**, **Pierre-Albert** (directeur marketing et journaliste), **Morgane** (Web designer et blogueuse @ cahierdetendances.com), mes relecteurs experts qui me permettent de vous proposer un livre pratique, fiable et de qualité.

PARTIE 1 :
CRÉER UN BLOG

Rien ne sert de courir, il faut partir à point.
Jean de La Fontaine

N'importe qui peut créer un blog en 5 minutes grâce à des services Web gratuits comme WordPress, Blogger, Tumblr, OverBlog. C'est tellement simple que chaque jour plus de 100 000 internautes dans le monde en créent un.

Là où le bât blesse c'est qu'après 3 mois de création, seulement 5 % des blogs créés sont toujours actifs. Les blogueurs abandonnent en effet facilement leur blog faute de temps, de motivation, d'audience.

Si tous les blogueurs prenaient au moins 1 heure pour définir leur stratégie éditoriale, choisir une plateforme de blog adaptée à leur ambition, soigner l'ergonomie et le design de leur blog, nous constaterions des taux d'abandon moins élevés. Nous allons prendre cette heure ensemble ici pour garantir une longévité maximale à votre blog.

1- LA PLACE DES BLOGS SUR INTERNET

Le contenu est roi.
Bill Gates

Cela va bientôt faire 18 ans que les blogs existent. Si certaines plateformes comme Posterous ont fermé, ou que d'autres comme Skyblog se sont démodées avec le temps, que les internautes réagissent maintenant plus facilement sur Facebook ou Twitter, le format blog n'est pas mort pour autant.

Le format blog est même arrivé à maturité grâce à la plateforme de blog open source WordPress qui est devenue progressivement un outil complet de publication. Plus de 20 % du top 1 million des sites Web les plus fréquentés dans le monde utilisent en effet WordPress en 2014.

Un blog : c'est quoi ça ?

Un blog est un journal personnel sur internet où l'information est publiée par ordre antéchronologique (article le plus récent en premier, article le plus ancien en dernier).

Les points forts d'un blog par rapport à un site Web ou une page personnelle :

- Le blog est un outil de publication très facile d'utilisation, pas besoin de connaître le langage HTML, il faut juste savoir lire et écrire.

- Le blog est un outil de publication gratuit. Il existe de nombreuses plateformes de blogs gratuites et la principale plateforme de blog WordPress est disponible en open source (gratuit et modifiable).

- Le blog est ouvert aux commentaires, ce qui permet d'entamer des discussions entre l'auteur et ses lecteurs et entre les lecteurs eux-mêmes.

- Les articles de blog sont en général très bien référencés. Les plateformes de blog leaders ont bien compris l'enjeu d'avoir des articles optimisés pour les moteurs de recherche.

- On peut s'abonner gratuitement aux articles d'un blog grâce à son flux RSS.

Outil de publication, open source, Flux RSS : c'est quoi ça ?

Outil de publication : C'est un outil Web qui permet de publier du contenu de façon très fluide sans que vous ayez à faire intervenir un expert technique. On parle aussi de CMS : Content Management System en anglais.

Open source : Quand on parle de logiciel ou d'outil disponible en open source, cela veut dire que l'outil est disponible pour tous (très souvent gratuit) et que nous sommes autorisés à le modifier et à le redistribuer.

Flux RSS : RSS signifie Really Simple Syndication (syndication vraiment simple). Chaque blog exporte son contenu à travers un flux RSS. Les visiteurs peuvent en s'y abonnant suivre chaque nouvel article posté. Il faut pour cela utiliser un lecteur de flux RSS. Cela reste un usage assez technophile et peu développé auprès du grand public. À partir d'un flux RSS, on peut aussi générer une newsletter et être indexé plus souvent par les moteurs de recherche.

Les sites « UGC » concentrent les plus fortes audiences

L'audience des sites dont le contenu est généré par les utilisateurs (UGC : User Generated Content) n'a cessé de croître depuis 2005. Si on regarde le top 30 des sites les plus visités en France un mois donné, on constate que :

- dans le top 20, on a 5 sites dont le contenu est mis à disposition quasi exclusivement par des internautes (avec 2 plateformes de blogs). Facebook #2, YouTube #3, Wikipédia #5, LeBonCoin #10, **Blogger** #17, **Overblog** #19.

- dans le top 30, beaucoup de gros sites qui ont plus de 50 % de leurs contenus générés par les utilisateurs. auFeminin (forum), Marmiton (recettes de cuisine), CommentCaMarche (forum + quelques tutoriels), Dailymotion (vidéos).

Le blog : le modèle de production de contenu on line le plus rentable

La production de contenu rédactionnel a un coût. Très peu d'internautes sont prêts à le payer de façon directe via des abonnements. Alors les sites de contenus éditoriaux se retrouvent à vivre essentiellement grâce aux revenus générés par la publicité.

Nous sommes un peu sur le même modèle que la TV et la radio sauf que contrairement à ces deux médias, on se retrouve avec une multiplicité d'acteurs capables de diffuser des contenus et la publicité qui va avec.

On se retrouve ainsi dans une course à l'audience entre des millions de sites. Le contenu doit être original, disponible dès que l'information tombe, optimisé pour Google et Facebook et coûter le moins cher possible (car seule la publicité et l'audience le financeront).

Dans une logique de maximisation de la rentabilité, l'idéal est d'arriver à obtenir des contenus populaires et de qualité générés par des auteurs non rémunérés (Modèle HuffingtonPost), ou par des rédacteurs Web faiblement rémunérés qui produisent du contenu à la demande (modèle Melty) et d'arriver à externaliser toutes les fonctions supports (design, comptabilité, marketing, hébergement).

Lorsque l'on tient un blog, le contenu, le design, le marketing sont assurés par nous-même. Les coûts techniques sont en général très réduits. On peut ainsi bénéficier de l'intégralité des revenus publicitaires pour rémunérer le temps passé à maintenir le blog.

Le blog est donc le modèle de site de contenu le plus rentable d'un point de vue économique.

Il vaut mieux être seul que mal accompagné

Il existe une quantité de sites qui ont démarré avec un seul éditeur aux commandes et qui sont devenus des sites à fort trafic : IMDB, CommentCaMarche, PC Astuces, MonsieurPrix, WebRankInfo, Digital Inspirations, TechCrunch. Démarrer seul ne doit pas être un frein.

À la fin des années 2000, certains sites internet à fort trafic ont préféré externaliser leur rédaction Web plutôt que leurs fonctions support. Les fermes de contenu étaient nées.

Ces fermes de contenu se sont mises à analyser les questions posées par les internautes sur Google et ont payé à bas prix la réponse originale susceptible de leur garantir une bonne position dans Google.

Concrètement comment ça s'est passé : lesdits sites ont mis en place des mécanismes automatiques de détection des sujets à fort potentiel, ils ont ouvert une place de marché mondiale où l'article était rémunéré 5 €.

Qui est prêt en France à écrire un article de qualité à ce prix-là ? Personne. Mais l'Indien, le Mauricien, le Roumain, ou le Malgache est prêt à le faire. D'ailleurs il n'en fera pas qu'un pour maximiser ses revenus.

Des rédacteurs vivant d'autres cultures, sous des cieux parfois fort éloignés de nos préoccupations hexagonales se retrouvent alors à broder du texte sur des sujets qui ne concernent pas du tout leurs problématiques du quotidien, quelques exemples :

- Comment obtenir un congé parental ?

- Des bons vins de Bordeaux à 5 €, ça existe ?

- Comment faire une bonne blanquette de veau ?

Imaginez l'Indien qui ne part jamais en vacances, qui ne boit pas d'alcool et qui n'a jamais mangé un seul plat français de sa vie devoir plancher sur ces 3 sujets.

Je n'aimerais pas être à sa place ! Alors, il le fait parce qu'il faut bien gagner sa vie et c'est la catastrophe. Imaginez une Française cherchant à préparer une bonne blanquette de veau se faisant conseiller par un Indien. Le plat risque d'être épicé !

Je caricature peut-être un peu le procédé, mais on ne devait pas être loin de cette situation. Le problème c'est qu'en faisant ça, on attaque la poule aux œufs d'or de Google, son Saint-Graal, son moteur de recherche !

Quand un robot chinois ou russe vient spammer vos commentaires de blog avec des liens toxiques pour vos utilisateurs, que faites-vous ? Vous les supprimez et pour les plus expérimentés vous bloquez l'IP pour ne pas qu'ils recommencent.

Robot, Spam, IP : c'est quoi ça?

Robot ou bot : agent logiciel automatique qui effectue tout le temps la même tâche.

Spam de commentaire : message, souvent accompagné de plusieurs liens, envoyé de façon massive dans les commentaires d'un blog dans le but de tromper les moteurs de recherche.

IP : numéro d'identification attribué à une machine sur Internet. On peut facilement interdire l'accès à un site par IP ou par plages d'IP.

C'est ce qu'a fait logiquement Google en 2011 avec la mise en place de son filtre Panda anti fermes de contenus. Dès qu'un contenu était de faible qualité, il ne ressortait plus et dès qu'un site avait trop de contenus de mauvaise qualité, il était sanctionné lourdement. Certains gros sites ont perdu + de 50 % de leur trafic Google.

Google Panda : c'est quoi ça ?

Google Panda est un filtre algorithmique qui a été déployé par Google en 2011. L'objectif de ce filtre est de dépositionner des résultats de recherche Google les pages de mauvaise qualité. Si Google considère que vous avez un taux de page de mauvaise qualité trop élevé, il sanctionne l'ensemble de votre site (y compris les pages de bonne qualité).

Les premiers sites français ont été touchés par Panda le 12 août 2011. La dernière mise à jour Panda connu (la 4.0) a été déployée dans le monde entier le 20 mai 2014. Si les sites de mauvaise qualité sont dépositionnés, les sites de meilleure qualité remontent.

Tout cela repose sur des critères assez subjectifs. Il n'est pas rare de voir des sites de bonne qualité se faire sanctionner et a contrario des sites de mauvaise qualité rester en bonne position dans les résultats de Google.

À retenir

Le blog est l'outil de publication et le format de lecture le plus populaire sur Internet. En étant seul aux commandes d'un blog, on minimise les coûts de production de contenu.

Il vaut mieux gérer soit même toutes les tâches de rédaction d'article plutôt que de les confier à des structures offshore.

En externalisant votre rédaction d'articles, vous augmenterez le risque de produire du contenu de mauvaise qualité et donc le risque d'être pénalisé par Google.

Aller plus loin

- Classement Médiamétrie Audiences Internet : **http://jbv.ovh/bb-01**

- Article officiel mise à jour Panda : **http://jbv.ovh/bb-02**

- Melty.fr, le site rentable piloté par un robot : **http://jbv.ovh/bb-03**

2- RÉDIGER UN BRIEF CREATIF

Il n'y a pas de vent favorable pour celui qui ne sait où il va.
Sénèque

Avant de vous lancer dans la création d'un blog, il est important de bien réfléchir à ce que vous allez y raconter (quoi ?), dans quel but (pourquoi ?), à quel public vous allez vous adresser (à qui ?), avec quelle régularité (quand ?).

Vous devez dès le départ bien cadrer votre démarche, sinon votre blog partira dans tous les sens et vous n'aurez plus l'envie d'y retourner.

Pourquoi voulez-vous créer un blog ?

Si vous voulez créer un blog c'est parce que vous avez en tête un objectif bien précis. Cela peut-être par exemple pour :

- partager votre passion du scrapbooking et montrer vos créations au monde,

- partager les nouvelles recettes de cuisine que vous créez au quotidien,

- partager vos tests et astuces de jeux vidéo,

- partager vos bons plans voyages.

Tous ces exemples constituent de bons objectifs pour se lancer dans un blog. Vous ne vous éparpillez pas, vous avez un seul objectif clair et précis.

Vous êtes de plus dans une logique de partage d'expérience, ce qui aura une grande valeur pour vos lecteurs. On apprécie aussi les blogs pour leur côté conseil pratique vécu sans finalité mercantile.

Gagner de l'argent ne doit pas être une fin en soi

Si votre motivation première est de créer un blog pour gagner de l'argent, la mayonnaise ne prendra jamais avec vos lecteurs. Si vous rédigez des articles sur des produits qui ne vous plaisent pas parce qu'on vous paie, vos lecteurs le verront tout de suite et ne reviendront pas.

Vous devez ne parler sur votre blog que de ce qui peut apporter de la valeur à vos lecteurs, la reconnaissance financière viendra ensuite naturellement avec la publicité.

Vous ne devez pas vendre votre plume aux annonceurs, mais plutôt prévoir des espaces réservés à ceux-ci. Ils seront prêts à payer très cher si la qualité de votre contenu est au rendez-vous et que l'audience suit.

Bloguez autour d'une seule thématique

Votre objectif principal doit être de partager votre passion en mettant tout votre cœur à l'ouvrage et en essayant de la mettre à la portée des internautes que vous voulez viser.

Ne multipliez pas les thématiques sur votre blog, vous risqueriez de perdre une partie de votre lectorat et de perturber vos positionnements dans les moteurs de recherche.

Les moteurs de recherche en effet thématisent les sites et les blogs en leur donnant plus de poids sur leur thématique de référence. Si je cherche une recette de cuisine sur Google, **Papilles et Pupilles** sera toujours mieux placé que **Jeanviet.info**. Inversement si je cherche un logiciel, **Jeanviet.info** sera toujours devant **Papilles et Pupilles**.

Vous l'aurez compris, si l'objectif principal de votre blog c'est de démocratiser les nouvelles technologies, ne publiez pas des recettes de blanquette de veau mais parlez plutôt de la tablette Qooq.

Trouvez un bon titre à votre blog

Maintenant que vous avez la ligne directrice de votre blog, il va falloir plancher sur un titre. Ce titre pourra être aussi utilisé comme nom de domaine.

Nom de domaine : c'est quoi ça ?

Un site internet est hébergé sur une machine qui possède une adresse IP. Un nom de domaine est un texte du type BlogBuster.fr, jeanviet.info qui permet d'avoir un nom facilement mémorisable à la place d'une adresse IP. Grâce au nom de domaine, un utilisateur peut accéder plus facilement à un site en tapant son nom dans la barre d'adresse du navigateur.

Essayez de privilégier un titre court, facilement mémorisable et / ou qu'on retrouve dans les recherches des internautes (ça facilitera votre démarrage).

Exemples :

- **Jeanviet** n'étant pas un bon titre, ni un bon domaine (jeanviet.info), j'ai décidé de nommer mon blog autour de la personnalisation "Blog Perso"

- **Cahier de Tendances** (blog mode) est un bon titre ainsi qu'un bon nom de domaine (cahierdetendances.com)

- **BlogBuster** est court et facilement mémorisable, c'est un bon nom de domaine (BlogBuster.fr), mais ce n'est pas quelque chose que les gens cherchent, alors on peut le compléter par un slogan de type **Créer un Blog à Succès Gratuitement**.

Réglages généraux

Titre du site	BlogBuster
Slogan	Créer un Blog à Succès Gratuitement
	En quelques mots, décrivez la raison d'être de ce site.
Adresse web de WordPress (URL)	http://blogbuster.fr

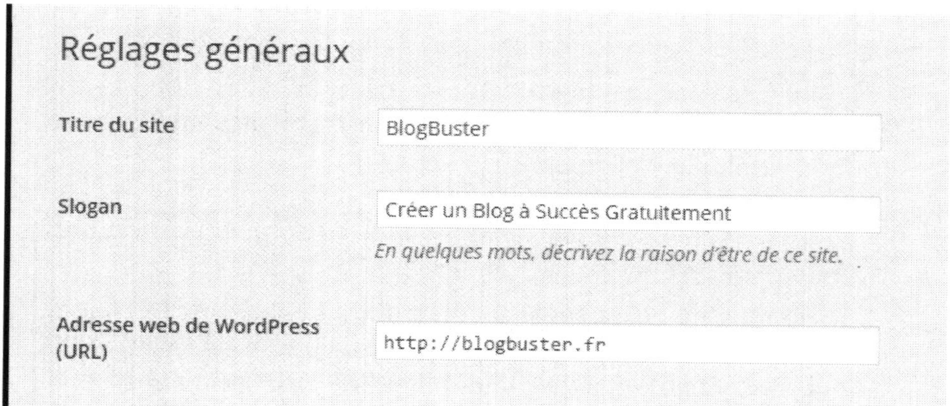

Figure 2-1 : titre, slogan (promesse), URL de votre blog dans WordPress

Le titre de blog étant par défaut systématiquement repris à la fin du titre de vos articles, un bon titre de blog peut ainsi aider au référencement de vos articles.

Définissez une bonne promesse et un bon slogan

Vous avez décidé de créer un blog où vous allez publier vos recettes de cuisine. Avant de publier tous azimuts vos meilleures recettes, vous êtes-vous interrogés sur ce qui allait différencier votre blog cuisine d'un autre blog cuisine ?

Il faut que la promesse de votre blog se démarque nettement de ce qui est fait ailleurs tout en restant fédératrice.

Votre promesse doit cibler une niche à potentiel

Si votre blog cuisine est juste une succession de recettes, ça ne fonctionnera pas. Il faut viser des niches bien précises. Si votre recette existe déjà ailleurs, pourquoi irais-je visiter votre blog ?

Quelques exemples de blogs cuisine de niche à fort potentiel actuellement :

- un blog cuisine dédié aux recettes pour bébé (pour les millions de mamans),

- un blog cuisine dédié aux recettes Dukan (pour les millions de Français qui font ce régime),

- un blog cuisine dédié aux produits que j'ai dans mon jardin (pour les millions de personnes qui aujourd'hui veulent retrouver le naturel),

- un blog cuisine à base de restes ou de produits pas chers (crise oblige).

Mettez-vous à la place de votre lecteur

Ecoutez vos lecteurs potentiels, allez sur les forums, consultez des études de consommateurs, pour identifier leurs besoins, leurs motivations, leurs attentes, leurs frustrations...

Vous allez pouvoir ainsi identifier un ou plusieurs besoins clients qui vous aideront à formuler une promesse efficace.

Dans le cadre de notre blog de cuisine à base de restes (promesse : « cuisiner avec les restes »), on pourrait formuler le besoin comme ceci :

J'aimerais pouvoir faire de bons petits plats à ma famille tous les jours, parce que j'aime cuisiner et régaler mes proches, mais je n'ai pas eu le temps de faire les courses aujourd'hui.

Pour BlogBuster, on pourrait formuler les besoins ainsi :

J'aimerais dynamiser le trafic de mon blog chambre d'hôte, parce que mes clients potentiels préparent 50 % de leurs voyages en ligne, mais je n'ai pas les moyens d'acheter des liens sponsorisés.

J'aimerais partager sur internet ma passion de la cuisine, parce que j'ai un réel talent et pas mal de temps libre, mais je ne sais pas comment être sûr que mes recettes soient vues par le plus grand nombre.

La promesse qui en découle et qui répond aux 2 besoins :

« Créer un Blog à Succès Gratuitement »

Figure 2-2 : logo du blog et promesse

Preuves de votre promesse : il faut donner les raisons d'y croire

Maintenant que vous avez votre slogan, encore faut-il que vous mettiez en avant les arguments qui prouvent que votre blog est bien légitime sur la niche que vous avez choisie.

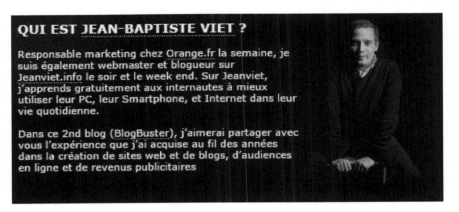

QUI EST JEAN-BAPTISTE VIET ?

Responsable marketing chez Orange.fr la semaine, je suis également webmaster et blogueur sur Jeanviet.info le soir et le week end. Sur Jeanviet, j'apprends gratuitement aux internautes à mieux utiliser leur PC, leur Smartphone, et Internet dans leur vie quotidienne.

Dans ce 2nd blog (BlogBuster), j'aimerai partager avec vous l'expérience que j'ai acquise au fil des années dans la création de sites web et de blogs, d'audiences en ligne et de revenus publicitaires

Figure 2-3 : encart à propos dans le pied de page du blog

Il faut que vous valorisiez votre expérience sur une page à propos, près des articles (court résumé à propos de l'auteur), ou dans le pied de page de votre blog (fig. 2-3).

Par exemple, si vous êtes cuisinier dans la vie et que vous tenez un blog cuisine c'est quelque chose qu'il faut absolument mentionner. Votre lecteur se dit : "Génial ! Je lis les recettes d'un vrai cuisinier".

Vous pouvez également étayer vos articles de photos, de faits, de liens qui prouvent votre expertise. Si vous débutez et que vous n'avez pas grand-chose de valorisant à mettre en avant, parlez de tout votre cœur de la passion que vous développez dans votre blog.

Au fur et à mesure que votre blog grandira et que vous rédigerez de bons articles vous profiterez aussi de relais sur d'autres sites. Si un blog ou un site connu pointe un jour sur votre site, ça donnera une raison supplémentaire à vos lecteurs de croire que vous êtes à la hauteur de la promesse que vous mettez en avant.

N'hésitez pas à rajouter dans votre page à propos toutes les mentions de blogs, sites qui vous mettent en avant.

Qui sont mes lecteurs et comment dois-je leur parler ?

Sachez bien à quel public vous allez vous adresser globalement ou selon les articles. Cela orientera la ligne éditoriale et le ton de votre blog. L'outil Adwords Display Planner (**http://jbv.ovh/bb-04**) vous permet de connaître les profils sociodémographiques des blogs les plus consultés.

Figure 2-4 : profil Ad Planner du site Jeanviet.info

Qui va s'intéresser à votre blog ?

Si vous parlez de scrapbooking ou de recettes de cuisine, ça intéressera plus les femmes que les hommes :

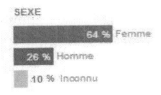

Figure 2-5 : profil Ad Planner d'un blog cuisine

La High-Tech plutôt les hommes :

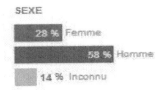

Figure 2-6 : profil Ad Planner d'un blog high-tech

Les jeux vidéo plutôt les jeunes hommes :

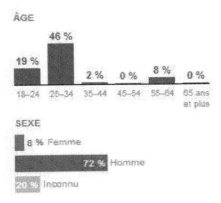

Figure 2-7 : profil Ad Planner d'un blog jeux vidéo

19

Quel ton adopter ?

Le bon blogueur essaye de créer une complicité avec son lecteur. Il partage avec lui ses tranches de vies, ses coups d'humeur, ses bons tuyaux.

En ce qui me concerne, je m'adresse à mes lecteurs directement à la 2e personne du pluriel : "vous". J'essaie de toujours commencer un article en posant la problématique dès le départ, en la rapprochant d'un besoin ressenti tous les jours par bon nombre de mes lecteurs.

Ex: *Ne vous est-il jamais arrivé d'oublier d'envoyer un courrier important en temps et en heure ?*

Ensuite dans les commentaires, quand je m'adresse individuellement à chaque lecteur pour répondre à une question qu'il pose, j'emploie en général la 2e personne du singulier "tu" pour maintenir la proximité et parce que je le sens comme ça.

Ex: *Bonjour Jim, Tu n'aurais jamais dû payer Avid Studio aussi cher. Si ton achat date de moins d'une semaine, il n'est pas trop tard pour l'annuler (7 jours de rétractation dans la vente à distance). 180 € pour un logiciel de montage, c'est du délire.*

Bien sûr, si vous êtes plus à l'aise avec le vouvoiement et / ou que la thématique de votre blog vous y oblige (blog politique, juridique, vitrine de votre commerce), gardez le vouvoiement.

A contrario, certaines blogueuses mode qui veulent créer avec leurs lectrices une relation de copinage n'hésiteront pas à utiliser certains éléments de langage un peu infantilisant.

Ex: *Bonne année 2013 les chéri(e)s ! Alors, cette fête du jour de l'an ?! Plutôt bad trip ou plutôt euphorique ?*

Vous l'aurez compris, finalement chacun fait comme il le sent à condition d'être en harmonie avec ses lecteurs ou lectrices.

Quelle ligne éditoriale adopter ?

Maintenant que vous savez à qui vous parlez et sur quel ton, il va falloir se poser la question de ce que vous allez pouvoir leur dire, quel type d'articles allez-vous rédiger et sur quels sujets ? Comment concilier qualité du contenu et audience ?

Comme le ton, la ligne éditoriale qu'on adopte c'est un peu comme on le sent, mais si vous partez trop loin, il faut pouvoir gérer ensuite. Donc je vais vous donner les conseils que je m'applique à moi-même et qui à mon avis permettent de bloguer dans la durée.

Ce qu'il ne faut pas faire :

- Dénigrer les autres blogueurs pour faire le buzz.

- Sortir de sa thématique pour surfer sur un buzz. Je me souviens fin 2007 comment la blogosphère s'est lamentablement pervertie en créant des articles positionnés sur la recherche « laure manaudou nue » juste pour gratter du trafic sur Google. Vraiment honteux !

- Faire des articles sponsorisés et ne pas le dire à ses lecteurs.

- Copier-coller l'article du blog voisin (il y a des blogs fortement consultés qui se sont pris des procès pour ça).

- Paraphraser les blogs américains et tartiner des palabres juste pour être présent sur une actualité. (Vous polluez le Web)

Ce qu'il faut faire :

- Rester dans la thématique principale de votre blog.

- Partager vos expériences.

- Tester ce dont vous parlez.

- Citer et pointer par des liens les blogueurs, articles qui vous ont inspirés.

- Faire des phrases courtes et utiliser des mots simples.

- Ouvrir les commentaires et accepter la critique.

Quel rythme de publication pour mon blog ?

Pour avoir un blog à succès, il n'est pas nécessaire selon moi de publier chaque jour un ou plusieurs articles. Pour conserver une bonne régularité de publication et faire grandir son blog, on peut se fixer comme objectif d'arriver à publier un à deux articles de qualité par semaine.

Votre rythme de publication peut être plus léger

Si vous voulez juste créer un blog vitrine pour donner de la visibilité à votre restaurant sur Internet, vous n'aurez certainement pas à publier des articles très souvent.

Il y aura un gros travail au lancement pour définir les menus, les accès, la réservation et pour montrer quelques photos de plats.

Après, vous mettrez à jour votre site tous les 6 mois à chaque changement de carte.

Faut-il publier des articles tous les jours ?

Certains blogueurs publient tous les jours et même plusieurs fois par jour. Ne vous mettez pas des contraintes aussi fortes. Si vous avez un travail et une vie de famille à côté, il sera impossible de tenir à ce rythme.

Voyez quel rythme de publication vous est le plus adapté sans que le blogging devienne une addiction (risque d'être déconnecté de la réalité) ou une corvée (risque d'abandonner son blog).

À retenir

Pour que ce second chapitre vous soit profitable, je vous invite tout de suite à prendre une feuille de papier et à compléter le brief créatif de votre blog en répondant à ces questions simples:

- Quel est l'objectif de votre blog ?

- Sur quelle(s) thématique(s) allez-vous écrire des articles ?

- Quel est le titre de votre blog ?

- Quelle est la promesse de votre blog ?

- Les preuves de votre promesse ?

- Qui sont vos lecteurs ?

- À quel rythme allez-vous bloguer ?

Aller plus loin

- Rédiger un brief créatif de qualité : **http://jbv.ovh/bb-05**

- Laure Manaudou nue dans un arbre : **http://jbv.ovh/bb-06**

- Connaître le profil sociodémo des visiteurs d'un blog : **http://jbv.ovh/bb-07**

- Articles sponsorisés de blog : une fausse bonne idée **http://jbv.ovh/bb-08**

3- CHOISIR UNE PLATEFORME DE BLOG

Les bons outils font les bons ouvriers

Maintenant que le brief créatif de votre blog est posé, il va falloir choisir une solution technique pour créer votre blog et gérer la publication de vos contenus.

Ne foncez pas tête baissée vers les offres gratuites tout de suite. J'ai vu de nombreux blogs se couper en deux au moment où la plateforme de blog qui avait été choisie au départ ne convenait plus.

Quelles fonctionnalités essentielles doit avoir mon blog ?

Pour avoir un blog pérenne dans le temps, cinq fonctionnalités doivent être selon moi gérées et acceptées par votre plateforme :

- Nom de domaine.

- Titres des articles optimisés pour Google.

- Gestion en direct d'AdSense.

- Personnalisation du design.

- Export possible de votre blog.

Nom de domaine

Vous devez pouvoir acheter votre propre nom de domaine et être en mesure de le configurer facilement depuis votre plateforme de blog. Ceci ne doit pas vous coûter plus de 10 € / an.

Votre nom de domaine, c'est votre marque, votre identité qui doit vous permettre de faire vivre votre blog indépendamment des soucis que pourrait rencontrer votre plateforme de blog.

Imaginez si Google considère un jour que votre plateforme héberge trop de contenus de mauvaise qualité et qu'il décide d'appliquer du jour au lendemain une pénalité à l'ensemble des blogs du réseau, votre blog serait condamné à ne plus apparaître aussi souvent dans Google. Donc avoir son propre nom de domaine est indispensable.

Titres des articles optimisés pour Google

Chaque article de votre blog doit avoir un titre unique et ce titre doit apparaître en premier dans la balise <title> (élément HTML) de votre page. Je me souviens d'un temps où certaines plateformes (wordpress, dotclear, Blogger, Tumblr fait encore l'erreur) faisaient apparaître le titre de blog en 1er, le titre de l'article ensuite.

Exemple d'erreur :

<title> Le Blog de Jeanviet : Code de la route 2012 </title>

Ce qui intéresse les internautes, ce n'est pas Jeanviet mais le code de la route 2012, donc votre balise Title pour chaque article devrait être plutôt construite ainsi :

<title> Code de la route 2012 – Le Blog de Jeanviet </title>

ou ainsi

<title> Code de la route 2012 </title>

HTML, Title : c'est quoi ça ?

HTML est un langage de mise en forme qui permet grâce à un système de balises (exemples : <title>, <h2>, <img>, <p>) de structurer une page Web. Tous les navigateurs internet (Chrome, Firefox, Internet Explorer,...) interprètent les fichiers HTML pour pouvoir afficher pendant votre surf une page qui contient un titre (<title>), plusieurs sous titres (<h1>,<h2>,<h3>,...), des images (<img>), du texte (<p>), des liens (<a>),...

La balise <title> est un élément obligatoire d'une page HTML. Elle permet :

- d'afficher le titre de votre page dans le navigateur internet du visiteur,
- d'afficher le titre de la page d'une réponse apparaissant dans un moteur de recherche.

Nous verrons plus en détail dans le chapitre 14 comment bien référencer un blog sur Google en décortiquant les instructions officielles de Google.

Possibilité de gérer AdSense en direct

AdSense : c'est quoi ça ?

AdSense est la régie publicitaire de Google. Plus de 2 millions d'éditeurs (gros sites ou petits blogs) dans le monde diffusent des annonces publicitaires avec AdSense. Grâce à Google AdSense, n'importe quel blogueur peut générer des revenus publicitaires sur son blog (pas de barrière à l'entrée). Il suffit de s'inscrire au programme et d'ajouter des blocs d'annonces publicitaires sur ses pages. Chaque fois qu'un de vos visiteurs clique sur une publicité AdSense, vous gagnez de l'argent.

Un hébergeur ou une plateforme de blog, ce n'est pas une régie publicitaire, chacun son métier ! Pour moi le juste prix d'une plateforme qui vous offre l'hébergement, le nom de domaine et son propre outil de blogging devrait être autour de 50 € / an pour un blog qui génère 100 000 pages vues / mois.

Si vous payez 50 € / an pour un service, je ne vois pas pourquoi on devrait, ensuite, partager les revenus publicitaires avec cette plateforme. Si vous avez une thématique qui monétise bien son trafic (beaucoup d'annonceurs prêts à acheter vos espaces sur AdSense), vous pouvez imaginer gagner 5 € chaque fois que vos articles sont vus 1 000 fois (eCPM de 5 €)

eCPM : c'est quoi ça ?

eCPM signifie effective cost per mille, soit le coût réel d'un format publicitaire pour 1 000 affichages en français. Les espaces publicitaires d'un site sont commercialisés selon différents modes de vente : au CPM (coût pour 1 000 affichages), au CPC (coût par clic), au CPA (coût par action).

Quel que soit le mode de vente, le calcul de l'eCPM permet de mesurer la capacité d'un site à bien monétiser son audience. Google utilise maintenant le terme de RPM (revenus pour 1 000 affichages) qui est exactement la même chose que l'eCPM.

Un petit calcul s'impose :

- 100 000 pages vues / mois x 5 € / 1 000 = 500 € / mois.

- 500 € x 12 = 6 000 € / an de revenus pub.

Pourquoi irais-je donner 3 000 € (blog avec 50 % de partage de revenus) ou 6 000 € (blog gratuit financé par la publicité) à une plateforme de blog quand je peux me débrouiller pour payer mon hébergement tout seul comme un grand (50 €) et utiliser une plateforme de blog gratuite comme WordPress et garder mes 6 000 € de revenus ?

Qu'on se le dise une plateforme de blog c'est juste un outil de publication lié ou non à un hébergement. Ils ne savent pas mieux vendre vos espaces que AdSense (d'ailleurs ils utilisent AdSense bien souvent) et ne savent pas aller chercher du trafic pour vous en dehors de Google (vous n'avez pas besoin d'eux non plus pour ça). Donc il vaut mieux payer 50 € / an et être libre de gérer son AdSense tout seul.

Nous verrons plus en détail dans les chapitres 19, 20, 21 comment gagner de l'argent avec un blog et maximiser ses revenus AdSense.

Personnalisation du design totale

Normalement une bonne plateforme de blog vous offre la possibilité de toucher au design comme bon vous semble en ajoutant le thème de votre choix, en éditant la feuille de style (CSS) et en ajoutant vos images pour la mise en page.

Thème de blog, CSS : c'est quoi ça ?

Un thème de blog comprend un ensemble de fichiers HTML, CSS et images. Ces fichiers sont préparés par un Web designer dans l'optique de personnaliser l'interface graphique d'un blog. Changer de thème graphique permet d'avoir un design de blog personnalisé.

Le CSS (en anglais Cascade Style Sheets, feuille de style en cascade en français) est un langage de mise en forme qui permet de personnaliser le design d'une page HTML. On pourra définir dans la feuille de style la taille de la police de paragraphe, la couleur de fond, le positionnement des blocs...

Même si vous n'y connaissez rien en Web design / HMTL / CSS, vous pouvez très facilement récupérer des thèmes gratuits adaptés à la structure de votre blog.

Si vous voulez qu'un graphiste travaille spécialement pour vous, là les prix risquent de s'envoler. Imaginez s'il lui faut 2 jours pour créer un design et qu'il facture sa journée à 400 € et bien il faudra le payer 800 €.

On peut très bien démarrer un blog avec un thème gratuit. Pour apporter un peu de personnalisation, on pourra facilement retoucher les images avec des outils d'édition gratuits comme :

- Photofiltre (**http://jbv.ovh/bb-09**),

- ou The Gimp (**http://jbv.ovh/bbr10**).

Nous verrons plus en détail comment personnaliser le thème d'un blog dans le chapitre 8.

Possibilité d'exporter votre blog vers une autre plateforme

De la même manière qu'une plateforme de blog n'a pas à s'approprier votre marque (d'où l'utilité d'un nom de domaine), elle ne doit pas non plus garder la propriété de vos articles.

Je vous invite donc à regarder avant de choisir une plateforme de blog s'il y a bien la possibilité d'exporter facilement vos articles vers une autre plateforme.

Si vous utilisez un outil de publication de blog sur votre propre hébergement / base de données, quoi qu'il arrive, il est possible de faire un export de base de données depuis le manager de votre hébergeur.

Comparatif des plateformes majeures

Pour vous aider à choisir la plateforme de blog qui vous convient le mieux, j'ai fait un petit tableau récapitulatif (fig. 3-1) du positionnement de WordPress (.org = open source à installer sur son propre hébergement, .com = solution en ligne clé en main), Blogger, Tumblr par rapport aux fonctionnalités critiques qu'on attend d'un blog.

	WordPress (OVH)	Blogger	Tumblr	WordPress.com
Nom de domaine	oui	oui	oui	oui
Personnalisation du design	oui	oui	oui	non
Plugins	oui	oui	non	non
Possibilité d'exporter	oui	oui	oui	oui
Gestion AdSense en direct	oui	oui	oui	non
Prix / an avec domaine	30 €	7,50€	6 €	14 €

Figure 3-1 : tableau comparatif des plateformes de blog

WordPress.org ou Blogger pour les BlogBusters

Si vous voulez gagner de l'argent en bloguant, il faut opter pour WordPress.org (choix #1) ou Blogger.com (choix #2) qui vous permettent de gérer AdSense en direct et de garder la maîtrise totale de votre marque et de vos contenus.

70 % du top des blogs High-Tech Ebuzzing sont sur WordPress (classement neutre : Ebuzzing éditait à l'époque OverBlog et on n'avait aucun blog OverBlog dans le top 50) et 50 % du top 100 blogs monde Technorati est sur WordPress.

Pour les blogueurs débutants sans le sou, Blogger est certainement plus commode au départ. Rien ne vous empêchera plus tard de migrer de Blogger vers WordPress avec un hébergement payant.

Tumblr et WordPress.com pour les esthètes

Si vous voulez un blog juste pour partager une passion et ne pas avoir de fioritures types barre de partage Blogger ou OverBlog, Tumblr et WordPress.com sont adaptés et complètement gratuits sans nom de domaine.

OverBlog pour les pressés accrocs aux réseaux sociaux

OverBlog est a réservé à ceux qui n'ont pas vraiment le temps de bloguer et de rédiger des articles de fond, à ceux qui veulent une vitrine, à ceux qui sont plutôt sur les réseaux sociaux et qui veulent tout agréger au même endroit.

À retenir

Notez la configuration que vous allez retenir pour votre blog. Nous verrons plus en détail le choix du domaine et de l'offre d'hébergement dans les chapitres qui suivent. Quelques questions à vous poser avant de choisir une plateforme de blog :

- Combien d'argent êtes-vous prêt à mettre chaque année ?
- Voulez-vous gagner de l'argent avec votre blog ?
- Quel outil de publication ?
- Quelle offre d'hébergement ?
- Quel nom de domaine ?

Aller plus loin

Voici la liste des plateformes de blog présentées dans l'article et classées par ordre de préférence :

1. WordPress.org : **http://jbv.ovh/bb-11**

2. Blogger : **http://jbv.ovh/bb-12**

3. WordPress.com

4. Tumblr : **http://jbv.ovh/bbs13**

5. OverBlog

4- CHOISIR LE BON NOM DE DOMAINE

Le nom d'une marque est bien plus qu'un mot. C'est le début d'une conversation.
Lexicon

Vous avez donc choisi d'avoir votre propre nom de domaine associé aux pages de votre blog. Je vais vous expliquer brièvement pourquoi vous avez pris la bonne décision et vous donner quelques conseils pour bien choisir votre nom de domaine.

Pourquoi c'est important d'avoir son propre nom de domaine ?

Que vous souhaitiez installer WordPress sur votre propre hébergement ou que vous souhaitiez opter pour un hébergement gratuit sur une plateforme de blog de type wordpress.com, Blogger, OverBlog, Tumblr, il faut absolument que vous ayez votre propre nom de domaine.

Domaine, sous-domaine, extension de domaine, URL, redirection d'URL : c'est quoi ça ?

Domaine : quand on parle d'un domaine, on sous-entend un nom de domaine. C'est-à-dire une adresse simplifiée qui permet d'accéder à un site Web. Ex: BlogBuster.fr, tumblr.com, jeanviet.info, solomo.fr, blogueur.mobi, blogspot.com.

Sous-domaine : c'est un sous-niveau du nom de domaine (préfixe du domaine). On l'utilise pour attribuer une adresse simplifiée à une partie du site Web. Ex : jeanviet.tumblr.com (le Tumblr de jeanviet), astuces.jeanviet.info (les astuces de jeanviet), jeanviet.blogspot.com (le blogspot de jeanviet).

Extension de domaine : Aussi appelé domaine de 1er niveau (TLD : Top Level Domain en anglais) correspond au petit suffixe (.fr, .com, .info, . mobi) qui apparaît à la fin de votre nom de domaine.

URL : Unique Resource Locator en anglais. C'est un acronyme qu'on utilise régulièrement pour désigner l'adresse Web d'une page de votre site. Cela correspond à l'ensemble des pages de votre site qui ont un contenu différent à afficher. ex d'URL : http://blogbuster.fr/plateforme-de-blog/

Redirection d'URL (ou redirection) : quand vous tapez une URL dans la barre d'adresse de votre navigateur, vous pouvez être parfois redirigé vers une nouvelle URL. On utilise une redirection code 301 quand une URL a changé d'adresse de façon permanente. Cela permet de récupérer sur votre nouvelle page (ou site) l'historique des liens de l'ancienne page (ou site). Ex : le sous-domaine jeanviet.blogspot.com redirige vers blogueur.mobi, le sous-domaine creerunsitepro.tumblr.com redirige vers solomo.fr.

Avantages à avoir son propre nom de domaine

Comme on l'a vu dans le chapitre précédent, votre nom de domaine, c'est votre marque. Si votre site devient connu, fortement fréquenté et bien classé dans Google, il prendra de la valeur et pourrait un jour attirer la convoitise de grands groupes Web.

Ces derniers seront même prêts à vous le racheter pour étendre leur offre publicitaire. Avec une adresse en *.blogspot.com ou en *.wordpress.com, toute revente de nom de domaine est impossible.

Votre nom de domaine, c'est votre propriété, si un jour, vous devez changer d'hébergeur, vous n'êtes pas pieds et poings liés, vous pouvez partir, faire les redirections ailleurs et le trafic que vous aurez créé sur l'hébergeur Blogger vous suivra sur votre hébergement OVH.

Faut-il choisir un nom de domaine lié à un mot-clé ou à votre marque ?

La problématique du choix du bon nom de domaine est cruciale. Si vous publiez souvent du contenu, un bon nom de domaine pourra accélérer la croissance de l'audience de votre blog.

Reste à décider si vous voulez associer le nom de votre blog à une marque (la vôtre que vous allez créer ou qui existe déjà si vous êtes connu) ou à un ou plusieurs mots-clés (produit, marque de produit, concept dont vous parlerez dans votre blog).

Sur mon premier blog, je ne me suis pas posé ces questions, car mon site Web était au départ mon CV en ligne (donc forcément associé à mon nom, donc à ma marque) qui est devenu après un blog et comme il générait des revenus, par la force des choses, aussi une entreprise.

Là-dessus, si vous n'avez pas une grosse notoriété, il vaut peut-être mieux éviter d'associer votre blog à votre nom, car c'est impossible de le revendre après. Il y aura des sociétés prêtes à acheter votre domaine, mais du coup votre nom après deviendra la propriété d'un autre et cet autre pourra dire n'importe quoi à votre place une fois propriétaire.

Votre blog, c'est votre marque, donc le domaine doit suivre

Quand j'ai créé TeleTuto et BlogBuster, j'ai joué sur les deux registres : positionnement du domaine sur deux mots-clés, le tout faisant une marque. Je n'ai rien inventé : DailyMotion, Facebook, YouTube, CadrEmploi, RegionsJob

C'est court, facile à mémoriser (car on part de mots connus) et facile à communiquer !

C'est à mon avis vers ce type de solution que vous devriez aller à moins d'avoir déjà une marque forte existante sur laquelle vous pouvez capitaliser tout de suite (ex: Dukan, Morandini, Louboutin, Zlatan, Beckham).

Quid des EMD (Exact Match Domains) ?

Certains sites / blogs choisissent un nom de domaine qui correspond à des recherches tapées par les internautes (ex: recetteDukan.fr ou recette-Dukan.fr pour se positionner sur "recette Dukan" sur Google).

Ces techniques ont fonctionné, fonctionnent encore, mais fonctionneront de moins en moins avec le temps. D'ailleurs, si vous multipliez les mots-clés (+ de 2 avec ou sans tiret), votre site court le risque d'être assimilé à du spam par les moteurs de recherche.

Sur le long terme, avec l'utilisation des EMD, vous perdrez sur les 2 tableaux : pas de construction de marque, pénalité Google.

Votre nom de domaine rayonne aussi sur le référencement de vos pages

Sachez que toutes vos pages articles vont profiter sur Google de votre nom de domaine. Depuis août 2010, lorsqu'une recherche est associée à une marque ou un mot-clé confondu comme tel, le domaine positionné sur la marque en profite dans les résultats naturels.

À retenir

- Mieux vaut éviter les noms de domaine qui peuvent donner lieu à des fautes d'orthographe.

- Jeanviet par exemple n'est pas top dans le genre : janviet, jeanvier, janvier.

- Ne multipliez pas les mots-clés dans le nom de domaine, 2 c'est suffisant… Au-delà, cela peut être assimilé à du spam.

- Ne mettez pas d'accent dans votre nom de domaine.

- Mieux vaut utiliser des mots-clés au singulier plutôt qu'au pluriel (plus de demande).

- Préférez les extensions de domaine classiques (.fr, .com, .net, info) aux extensions exotiques (.tk, .cc, .la).

Aller plus loin

Voici quelques outils pour vous aider à choisir un nom de domaine libre :

- **https://domai.nr/**

- **http://www.bustaname.com/**

- **http://whois.net/**

Si vous souhaitez acheter un nom de domaine pour le lier à votre blog Blogger ou Tumblr, vous pouvez très bien l'acheter sans hébergement lié chez OVH ou Gandi.

Il vous en coûtera autour de 10 € / mois. Voici 2 articles pour vous aider à choisir votre bureau d'enregistrement et lier votre domaine à Blogger :

- Nom de domaine : quel est le juste prix à payer ? **http://jbv.ovh/bb-14**

- Ajouter un nom de domaine OVH à son blog Blogger **http://jbv.ovh/bb-15**

5- CHOISIR UN HÉBERGEMENT CHEZ OVH

La moitié du top 40 des blogs les plus consultés en France est hébergée chez OVH

J'espère que le chapitre 3 vous aura convaincu de l'intérêt d'installer WordPress sur votre propre hébergement avec votre propre nom de domaine.

Voyons ensemble maintenant pourquoi vous devez acheter un hébergement et un nom de domaine pour les besoins de votre blog WordPress directement chez OVH et quelle offre choisir.

Cela va faire plus de 8 ans que je suis chez OVH, j'y ai démarré mon WordPress avec un nom de domaine et un hébergement gratuit la 1ère année et depuis je paye chaque année 4 hébergements avec 4 noms de domaines associés pour 4 projets différents.

Les offres ont beaucoup évolué au fil des années, l'espace de stockage a été multiplié par 25 (de 1 à 25 go) et maintenant la bande passante est même illimitée (30 go avant) !

Pour installer l'outil de publication WordPress avec votre propre hébergement et nom de domaine, il va vous falloir choisir d'abord un hébergement qui accepte PHP / MySQL.

FTP / PHP / MySQL : c'est quoi ça ?

FTP est un protocole qui permet d'envoyer vos fichiers HTML sur un serveur. On utilise pour cela un client FTP (logiciel comme Filezilla ou Cyberduck). Avec un client FTP on va pouvoir transférer sur son site Web chaque nouvelle page HTML qui aura été créée.

PHP c'est le langage qui permet d'afficher de façon dynamique vos articles sur votre site. Grâce à PHP, plus besoin de transférer via FTP des fichiers HTML chaque fois que vous rédigez un nouvel article, c'est géré par WordPress en ligne.

MySQL c'est un système de gestion de base de données qui vous permet de gérer des règles de stockage, d'affichage, d'édition, de modification, de suppression de vos articles (via WordPress).

PHP et MySQL sont des outils libres (gratuits sans licence à payer). WordPress est un outil de publication lui aussi libre qui fonctionne grâce à ces 2 outils. Toutes les offres d'hébergement payantes sérieuses sont capables de gérer PHP et MySQL. Si vous voulez en savoir plus sur PHP et MySQL, je vous invite à suivre le cours PHP très complet d'OpenClassRooms (**http://jbv.ovh/bb-16**).

Quels hébergeurs PHP / MySQL utilisent les meilleurs blogueurs ?

Plutôt que de vous faire influencer par une publicité télé / magazine, par un site Web qui va survendre un hébergeur parce qu'il touche une commission à chaque vente, utilisez l'observation qui reste à mon avis la meilleure méthode.

J'ai donc personnellement analysé la liste des 20 blogs les plus populaires selon eBuzzing. Je remarque que 4 acteurs du top 5 et 8 du top 20 ont choisi OVH et 18 blogs du top 20 ont choisi WordPress. On ne devient pas un BlogBuster par hasard ! Il faut une bonne plateforme de blog (WordPress) et une bonne offre d'hébergement (OVH) pour durer !

Quelle offre d'hébergement choisir chez OVH ?

Si vous voulez être tranquille et payer votre hébergement au meilleur prix, il faut prendre un hébergement mutualisé. Ainsi les ressources et les coûts sont partagés entre plusieurs sites. Ce qui permet d'arriver à une équation où vous profitez d'un hébergement de qualité à très bas prix.

Être sur un serveur mutualisé présente plusieurs avantages

- Vous disposez d'une infrastructure technique robuste.

- Votre site est sous surveillance.

- Vous n'avez pas à payer les coûts d'infogérance d'un serveur dédié.

- Vous profitez des évolutions technologiques de votre hébergeur.

Mais également quelques inconvénients

- Votre site peut devenir lent si des gros sites sont installés sur les mêmes machines que le vôtre et consomment toutes les ressources.

- Votre site peut être bloqué par un antivirus au niveau de son IP si trop de sites hébergés sur votre machine contiennent du code malicieux (je dis ça parce que cela m'est arrivé, heureusement Google n'a pas ce genre de traitement aussi radical et injuste).

Quelle offre prendre ?

Pour un blog de type WordPress, l'hébergement perso mutualisé à 2,4 € / mois est amplement suffisant :

- 100 Go de stockage pour le FTP (moi j'utilise moins de 1 go sur mon site).

- 1 base de données MySQL de 200 mo (moi j'utilise moins de 100 mo sur mon site).

- Les comptes email, ça ne sert à rien !

- Un serveur dédié classique ? On oublie. C'est trop compliqué (compétences en réseau et en administration système requises) et c'est trop cher (coûts d'infogérance) !

Mon expérience chez OVH

Vous dire que je n'ai jamais eu de problèmes d'accès à mes sites sur mes hébergements mutualisés OVH serait un mensonge. Quels que soient les hébergeurs, des problèmes peuvent intervenir : maintenance en cours, attaque DDOS, pannes de serveurs, script trop gourmand chez vous etc…

Donc oui, plusieurs fois en 8 ans, je me suis retrouvé confronté à pas mal de problèmes d'indisponibilité de mon site. Si indisponibilité il y a eu, cela a rarement duré plus de 24h et ne s'est produit que 2 à 3 fois grand maximum dans l'année. J'ai déjà d'ailleurs passé des années vierges de problème.

Attaque DDOS : c'est quoi ça ?

Une attaque par déni de service (denial of service attack, d'où l'abréviation DoS) est une attaque informatique ayant pour but de rendre indisponible un service, d'empêcher les utilisateurs légitimes d'un service de l'utiliser. L'attaque par déni de service peut ainsi bloquer un serveur de fichiers, rendre impossible l'accès à un serveur Web ou empêcher la distribution de courriel dans une entreprise. source : Wikipédia.

Mes sites ont toujours eu des temps de réponse rapide même sur des périodes où j'ai enregistré des gros pics de charge de l'ordre de 50 000 connexions uniques par jour et 4 000 connexions uniques par heure (à la belle époque :-))

Autre garantie importante : J'ai toujours pu accéder à mes FTP et à mes bases de données pour faire des copies de sauvegarde. Même si vous ne pensez pas à le faire, sachez qu'OVH le fait régulièrement pour vous.

Support OVH : perfectible, mais réactif

Comme dit le proverbe c'est dans les moments difficiles qu'on reconnaît ses vrais amis. Dans ce domaine, OVH est certainement l'hébergeur mutualisé qui est le plus réactif dans la résolution de vos problèmes malgré le volume important de sites qu'il doit gérer (plus de 20 millions).

Les problématiques de support technique / commercial des hébergeurs sont les mêmes que l'on peut rencontrer chez un opérateur mobile / internet avec un peu moins de soin dans la forme ;-)

Si ça reste dans les problèmes standards listés dans la documentation du support, tout va bien ! Sinon c'est la catastrophe et on a vraiment l'impression de parler à un mur… Sauf si un expert technique ou Oles (DG d'OVH) s'empare directement de votre problème, là ça peut aller très vite !

Quand il y a un problème avec votre site chez OVH, la première chose à faire c'est d'aller consulter la liste des travaux en cours au niveau des hébergements mutualisés.

Si pas d'incident répertorié au niveau de votre offre, il faudra déclarer un incident via le formulaire adapté. Il peut être aussi utile de faire une petite recherche OVH sur Twitter, histoire de voir si d'autres personnes dans votre cas râlent aussi. Souvent, on rencontre des compagnons de galère.

Comme les hébergements sont mutualisés, si problème il y a pour vous, problème il y aura aussi pour d'autres personnes ! N'hésitez pas à envoyer un message sur Twitter au compte ovh_support_fr

À retenir

Voici l'offre d'hébergement que vous devez prendre chez OVH (OVH Perso) :

- 100 go d'espace disque.

- Bande passant illimitée.

- 200 mo de stockage MySQL.

- Géocache IP.

- Coût : 30 € / an.

Aller plus loin

Voici une liste de liens utiles et de comptes Twitter à suivre pour bien démarrer avec OVH :

- Offres d'hébergement Web d'OVH : **http://www.ovh.com/fr/hebergement-web/**

- Pour suivre les incidents et la maintenance : **http://travaux.ovh.net**

- Forums OVH : **http://forum.ovh.com**

- Support OVH : **http://www.ovh.com/fr/support/**

- Support sur Twitter : **https://twitter.com/ovh_support_fr**

Vous l'aurez compris, je suis plutôt pro OVH (meilleur rapport qualité / prix), il existe bien sûr d'autres hébergeurs de qualité que vous pouvez tester :

- Offre Dreamhost share hosting (conseillée par WordPress) : 36 € / an.

- Offre simple hosting chez Gandi : 60 € / an.

- Hébergement mutualisé Infomaniak : 120 € / an.

6- INSTALLER UN BLOG WORDPRESS CHEZ OVH

66% du top 40 des blogs les plus consultés en France ont choisi WordPress

Installer un blog WordPress, ça ne prend pas plus de cinq minutes. Deux méthodes d'installation sont possibles chez OVH :

- Installation en 1 clic depuis le module de votre manager.

- Installation via un client FTP.

Je vais décrire ici la méthode d'installation via un client FTP. C'est cette méthode que je vous recommande. Si sur le papier, l'installation en un clic semble plus simple et plus rapide, elle présente cependant plusieurs inconvénients majeurs :

- La version de WordPress n'est pas à jour.

- WP Super Cache est mal configuré.

- Il n'est pas possible de changer son identifiant de connexion.

Ce que je décris ici peut bien sûr être réalisé avec d'autres hébergeurs qu'OVH : Dreamhost, Gandi, Infomaniak, 1&1,... WordPress peut en effet s'installer chez n'importe quel hébergeur à condition de prendre une offre PHP / MySQL.

Prérequis :

- Avoir un hébergement perso OVH.

- Avoir créé une base de données MySQL dans OVH.

- Avoir un client FTP.

Un client FTP pour quoi faire ?

Un client FTP sert à envoyer des fichiers sur votre hébergement. À l'époque des premiers sites Web, c'était le seul outil qui nous permettait de mettre à jour notre contenu. Chaque fois qu'on avait une nouvelle page (html) accompagnée de fichiers (images, scripts, css) à publier, on se servait d'un client FTP.

Maintenant, tout est géré par des outils de publication comme WordPress. Cela dit pour la première installation de WordPress, vous êtes obligé de transférer les fichiers de WordPress par FTP.

Je vous conseille d'utiliser le client FTP gratuit Cyberduck (**http://jbv.ovh/bb-17**) qui est disponible sur Mac et PC. J'utilisais avant 2011, le client FTP très populaire Filezilla. J'ai cessé de l'utiliser après que mon site a été piraté à cause d'une grosse faille de sécurité dans ce logiciel.

Filezilla stocke en effet les logins et mots de passe FTP en clair dans un fichier et certains spywares ont développé des scripts spécifiques à Filezilla (du fait de sa popularité) pour les récupérer.

Donc si votre PC s'est fait infecter par un spyware, en utilisant Filezilla, vous encourez alors le risque de vous faire voler vos logins et mot de passe. La récupération de ces derniers permet aux pirates d'installer du code malicieux à votre insu sur votre site.

Faille de sécurité, spyware : c'est quoi ça ?

Faille de sécurité : Dans le domaine de la sécurité informatique, une vulnérabilité ou faille est une faiblesse dans un système informatique, permettant à un attaquant de porter atteinte à l'intégrité de ce système, c'est-à-dire à son fonctionnement normal, à la confidentialité et l'intégrité des données qu'il contient. Source : Wikipédia.

Spyware : Un logiciel espion (aussi appelé mouchard ou espiogiciel ; en anglais spyware) est un logiciel malveillant qui s'installe dans un ordinateur dans le but de collecter et transférer des informations sur l'environnement dans lequel il s'est installé, très souvent sans que l'utilisateur en ait connaissance. L'essor de ce type de logiciel est associé à celui d'Internet qui lui sert de moyen de transmission de données. Source : Wikipédia.

Téléchargez WordPress

Ça se passe ici pour bénéficier de la dernière version française à jour : **http://fr.wordpress.org/**.

Décompressez WordPress

Décompressez WordPress sur votre bureau.

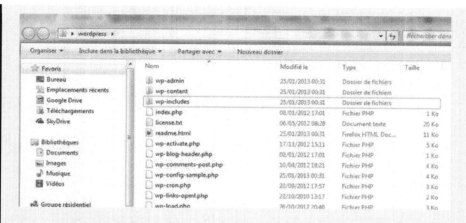

Figure 6-1 : fichiers WordPress décompressés sur le bureau

Transférez vos fichiers WordPress sur votre FTP

Munissez-vous des accès FTP qu'OVH vous a transmis par email :
adresse FTP, login, mot de passe. Et lancez une nouvelle
connexion sur Cyberduck.

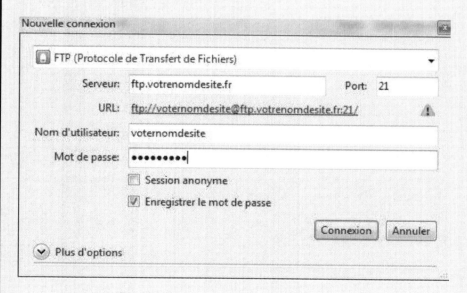

Figure 6-2 : connexion à votre serveur FTP

Transférez tous les fichiers via FTP dans votre répertoire racine (/www/) s'il n'y a qu'un WordPress sur votre site (cas le plus probable).

Si vous avez déjà d'autres outils ou pages présents sur votre FTP, transférez plutôt vos fichiers WordPress dans un sous répertoire (/www/blog par exemple).

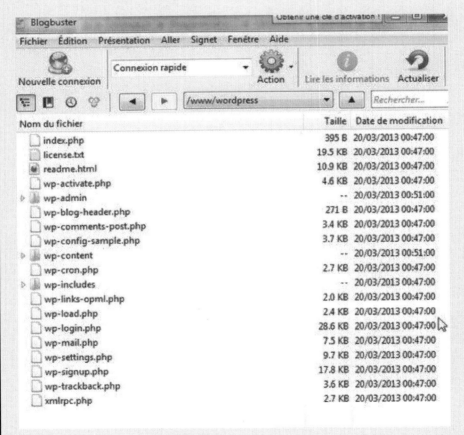

Figure 6-3 : fichiers WordPress sur votre site web

Procédez à l'installation de WordPress depuis votre site Web

Rendez-vous ensuite sur votre site Web pour procéder à l'installation. Si vous avez installé WordPress à la racine rendez-vous ici http://nomdevotresite.fr.

Si vous avez installé WordPress dans un répertoire blog, rendez-vous ici : http://nomdevotresite.fr/blog/.

Il faudra d'abord créer un fichier de configuration :

Il ne semble pas y avoir de fichier wp-config.php. J'en ai besoin pour lancer le processus.

Besoin d'aide ? En voici (en anglais)

Vous pouvez créer un fichier wp-config.php par le biais de cette interface, mais cela ne marche pour toutes les configurations de serveur. La manière la plus sûre reste de créer le fichier à la main.

Créer un fichier de configuration

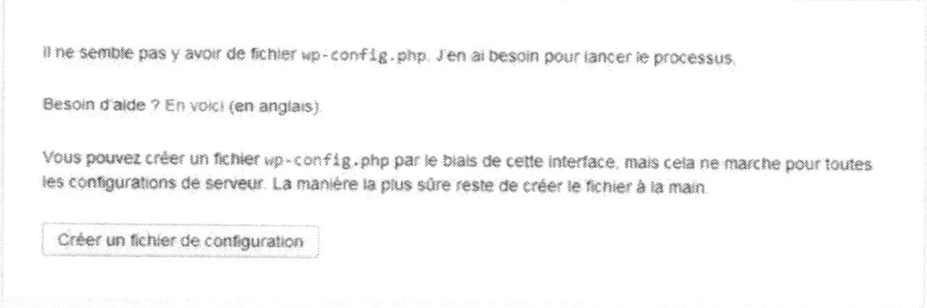

Figure 6-4 : création du fichier de configuration WordPress

Il vous sera demandé ensuite de saisir les informations suivantes que vous a envoyées OVH par email :

- Serveur : mysql***
- Utilisateur : ressemble au nom de votre site
- Nom de la base : = Utilisateur
- Mot de passe : ********

Renseignez cela ici.

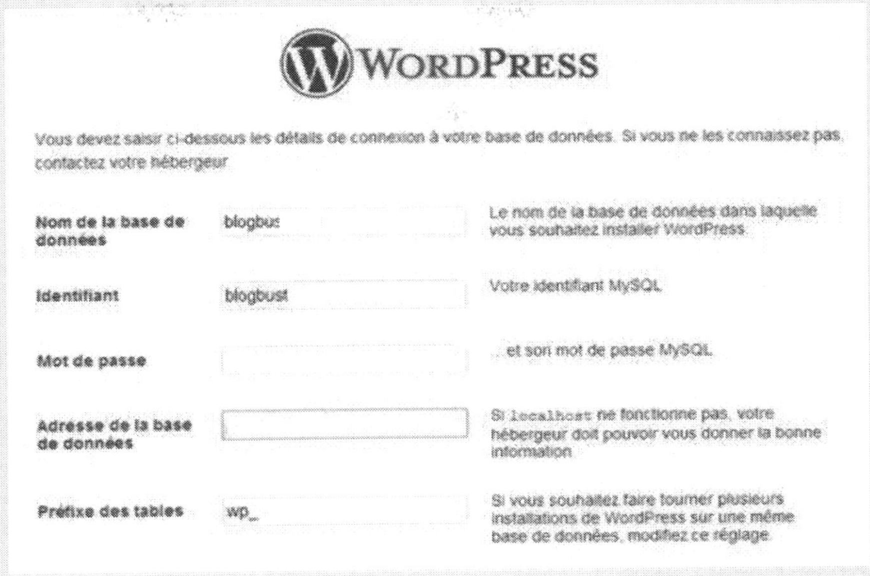

Figure 6-5 : infos de votre base de données chez OVH

Pour des raisons de sécurité, il vaut mieux changer le préfixe de vos tables avec quelque chose d'unique à votre site. Au lieu de garder "wp_" mettez par exemple "bb14_" (bb = initiales de BlogBuster. 14 = année d'installation). Cliquez ensuite sur Lancer l'installation.

Figure 6-6 : page pour lancer l'installation de WordPress

Puis créez-vous un identifiant et un mot de passe et cliquez sur Installer WordPress.

Titre du site Blogbuster Demo Wordpress

Identifiant admin

Les identifiants doivent contenir uniquement des caractères alphanumériques, espaces, tiret bas, tiret, points et le symbole @.

Mot de passe, deux fois ●●●●●●●●●●●●

Un mot de passe vous sera automatiquement généré si vous laissez ce champ vide. ●●●●●●●●●●●●

Forte

Conseil : votre mot de passe devrait faire au moins 7 caractères de long. Pour le rendre plus sûr, utilisez un mélange de majuscules, de minuscules, de chiffres et de symboles comme ! " ? $ % ^ &).

Votre adresse de messagerie jeanviet@gmail.com

Vérifiez bien cette adresse de messagerie avant de continuer.

Vie privée ☐ Demander aux moteurs de recherche d'indexer ce site.

Installer WordPress

Figure 6-7 : création de vos identifiants WordPress

Pour des raisons de sécurité, il vaut mieux ne pas garder l'identifiant admin proposé par défaut par WordPress et créer un identifiant du type « monpseudo1234 », vous rendrez ainsi la vie plus compliquée aux pirates qui devront deviner en plus de votre mot de passe, votre identifiant.

Le blog est créé et accessible depuis un navigateur à l'endroit où vous l'avez installé ! Pour moi, c'est ici : **http://blogbuster.fr/**

Pourquoi faut-il souvent mettre à jour son WordPress ?

À l'heure où je finalise ce livre, WordPress en est à la version 3.9.1. Une fois que vous aurez installé votre blog WordPress, on vous demandera tous les deux ou trois mois, depuis votre tableau de bord WordPress, d'effectuer des mises à jour. Faites-les manuellement ou activer les mises à jour automatiques en prenant toutes les précautions d'usage (voir **http://jbv.ovh/bb-18**).

En mettant votre WordPress à jour, vous vous donnez toutes les chances d'avoir la version la plus performante et la plus sûre (correction des failles de sécurité).

Veillez aussi à toujours mettre à jour les plugins WordPress que vous utilisez sur votre blog. Un plugin non mis à jour peut vous exposer aussi à des failles de sécurité. Si vous n'utilisez jamais un plugin, mieux vaut donc le supprimer.

Une faille de sécurité peut permettre à un pirate de prendre le contrôle sur votre blog à votre insu.

Qui peut m'installer WordPress et à quel prix ?

Je conçois tout à fait que les manipulations que j'ai décrites ici soient compliquées à réaliser pour la majorité des lecteurs. Je m'en suis bien rendu compte au fil des années quand de nombreuses personnes de mon entourage familial et professionnel m'ont sollicité pour installer leur blog WordPress.

Si vous êtes allergique à la technique et que vous n'avez aucun proche assez calé en informatique pour vous aider, sachez qu'il existe des spécialistes WordPress qui peuvent se charger à votre place de l'installation pour moins de 50 €.

Si je devais vous recommander une seule personne ça serait sans hésiter **Thierry Pigot** (@thierrypigot sur Twitter) que j'ai eu l'occasion de rencontrer lors du WordCamp Paris 2014 :

- Il développe des sites sur WordPress depuis 2005.

- Il a 15 ans d'expérience en gestion de projets Web.

- Il a une très bonne expertise en référencement naturel.

- Il est très impliqué dans la communauté WordPress francophone.

- Il est réactif et disponible.

- Il est sympa et a le contact facile.

Et en plus, il pourra vous faire l'installation de WordPress sur votre hébergement OVH pour la modique somme de 30€, soit l'équivalent d'un an d'hébergement chez OVH.

À retenir

Les éléments à rassembler pour installer un blog WordPress chez OVH :

- L'URL de votre site : nomdevotresite.fr

- Vos accès FTP : Serveur FTP, login et mot de passe

- Vos accès MySQL

Aller plus loin

Quelques liens utiles pour vous aider à réussir votre installation :

- Tutoriel et vidéo pour installer WordPress via FTP chez OVH : **http://jbv.ovh/bb-19**

- Créer une base de données chez OVH Codex : **http://jbv.ovh/bb-20**

- Installer Wordpress en 5 minutes : **http://jbv.ovh/bb-21**

- OVH, évitez le module en 1 clic : **http://jbv.ovh/bb-22**

- Thierry Pigot : **http://www.thierry-pigot.fr**

7- ERGONOMIE ET STRUCTURATION D'UN BLOG

L'industrie informatique a été capable d'expédier des produits compliqués à utiliser parce qu'il fallait acheter le produit avant de l'utiliser. Avec le Web, l'utilisabilité vient en premier, ensuite vous cliquez pour acheter ou vous devenez un visiteur fidèle.
Jakob Nielsen

Vous disposez normalement maintenant :

- d'un brief créatif solide,

- de votre propre nom de domaine,

- d'un hébergement mutualisé chez OVH,

- d'un blog WordPress installé sur votre hébergement.

Vous vous dites, ça y est je vais enfin pouvoir me lancer et rédiger mon premier article de blog !

On y est presque c'est vrai mais il faut encore se demander comment vos futurs lecteurs vont pouvoir facilement lire vos articles ? Comment ils vont accéder à votre blog ? Comment ils vont naviguer au sein de votre blog et à l'intérieur de vos articles ?

Se posent donc toutes les questions liées à l'ergonomie et à l'organisation de l'information au sein de votre blog.

Comment lit-on un blog ?

Les articles d'un blog sont publiés de façon antéchronologique : les articles les plus récents apparaissent avant les articles les plus anciens. Ce qui permet au lecteur d'avoir accès tout de suite à votre dernier article chaque fois qu'il se rend sur la page d'accueil de votre blog (l'URL principale de votre blog).

Dans la réalité, très peu de vos lecteurs se souviennent de l'adresse de votre blog et ils accèdent bien souvent directement à vos articles quand le sujet les intéresse soit en passant par un moteur de recherche (dans + de 50 % des cas, fig. 7-1), un réseau social de type Facebook / Twitter / YouTube, votre newsletter, un lecteur de flux RSS, ou depuis un post d'un blog ou d'un autre forum qui parle de votre article.

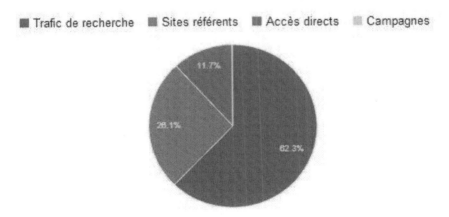

Figure 7-1 : provenances des visites d'un blog

> # Réseau social, newsletter, post : c'est quoi ça ?
>
> **Réseau social** : Espace communautaire en ligne ou les individus d'un même groupe sont reliés entre eux et peuvent communiquer de façon privée ou publique. Facebook, Twitter, Google+ sont des réseaux sociaux.
>
> **Newsletter** : lettre d'information périodique envoyée par email.
>
> **Post** : un post (anglicisme) c'est tout simplement un article de blog ou un message déposé sur un forum.

On publie le plus souvent des articles

Vous l'aurez compris les articles que vous publiez au sein de votre blog sont la matière première de votre audience. Ce sont eux qui vont vous permettre d'aller chercher des lecteurs au-delà de votre propre réseau relationnel sur les moteurs de recherche, Facebook et d'autres sites Web.

Les blogueurs qui se sont construits une forte notoriété sont encore plus sous contrainte que vous. Comme ils arrivent à avoir beaucoup plus d'accès directs quotidiens à leur page d'accueil, ils se doivent de publier régulièrement des articles. Sinon, le lecteur peut avoir l'impression que le blog se meurt doucement.

Figure 7-2 : rédaction d'un article avec WordPress

Tout ça pour vous dire qu'il faut soigner parfaitement la rédaction de vos articles. Il vaut mieux publier moins souvent et avoir des articles très bien structurés et faciles à lire que l'inverse.

Publier tous les jours des articles fouillis est contre-productif : ils ne seront pas lus, ni partagés et auront très peu de chance de bien ressortir dans les moteurs de recherche.

Les pages servent à poser du contenu statique

Vous allez pouvoir être aussi amené à créer des pages. Les pages permettent de s'affranchir de la logique de publication par ordre antéchronologique.

Les pages vont vous être très utiles pour poser les liens pratiques que vous voulez afficher à tous vos visiteurs :

- Page à propos.

- Page contact.

- Page mentions légales.

- Pages utiles à lire à la première visite.

Vous serez amené à en créer quelques-unes au début que vous pointerez depuis votre menu, bas de page, colonne de widget en fonction de leur importance relative par rapport à l'objet de votre blog.

Si vos pages concernent des projets importants ou des fonctions utiles directement rattachés à votre blog, mettez-les dans le menu ou dans la colonne latérale de widgets.

Figure 7-3 : menu et barre de widgets d'un blog

Les pages à propos et contact qui n'ont pas de rapport direct avec votre contenu peuvent être pointées depuis le bas de page (footer). Un futur partenaire ou un lecteur curieux les trouvera sans soucis.

Figure 7-4 : bas de page (footer) d'un blog

Les rubriques et les tags structurent les articles de blog

Chaque fois que vous publiez un article, vous pouvez lui affecter une catégorie et un tag (mot-clé).

Figure 7-5 : catégories et tags dans WordPress

Vous allez être amené à publier des articles toujours à peu près sur les mêmes sujets au niveau de votre blog. Avant de rédiger vos premiers articles, demandez-vous quels sujets en commun vont avoir vos articles afin d'établir en amont vos principales catégories.

Si je prends un blog cuisine, vous devinez un peu ce qu'on va retrouver en termes de catégories.

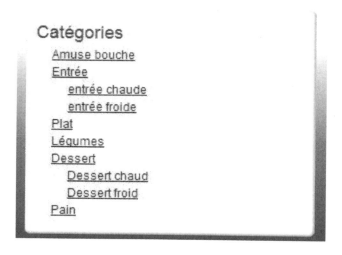

Figure 7-6 : catégories d'un blog cuisine

Ça permet à l'internaute mais aussi aux moteurs de recherche d'avoir des entrées directes au niveau de ce qui les intéresse.

Encore plus fin que la catégorie, il est aussi possible d'utiliser des tags. Ce sont des mots-clés qui structurent plusieurs articles. Ne créez des tags que si vous pouvez y ranger au moins 3 articles (remarque valable aussi pour les catégories).

Voici ce que cela donne sur un blog cuisine par exemple :

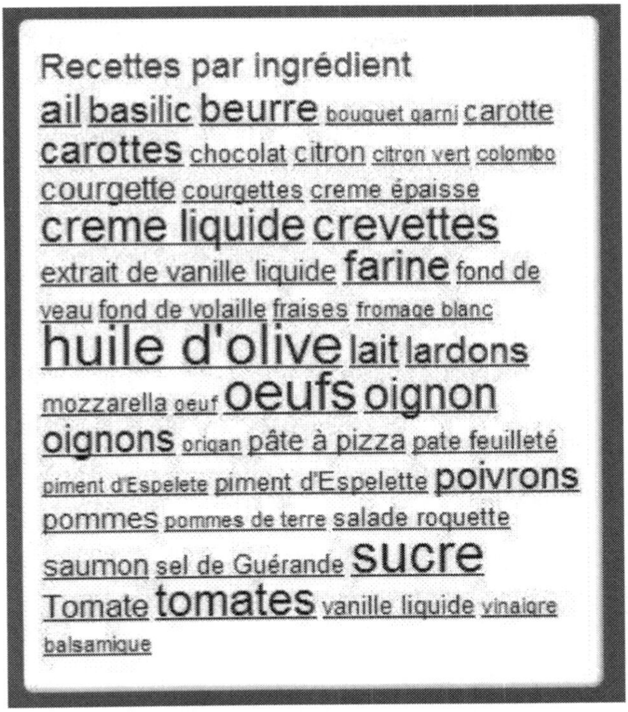

Recettes par ingrédient
ail basilic beurre bouquet garni carotte carottes chocolat citron citron vert colombo courgette courgettes creme épaisse creme liquide crevettes extrait de vanille liquide farine fond de veau fond de volaille fraises fromage blanc huile d'olive lait lardons mozzarella oeuf oeufs oignon oignons origan pâte à pizza pate feuilleté piment d'Espelete piment d'Espelette poivrons pommes pommes de terre salade roquette saumon sel de Guérande sucre Tomate tomates vanille liquide vinaigre balsamique

Figure 7-7 : nuage de tags (blog cuisine)

Vous voyez l'intérêt pour l'utilisateur : n'accéder qu'aux recettes à base des ingrédients que j'ai achetés (exemple piment d'Espelette).

piment d'espelette show devant
Web
Images
Maps
Shopping
Plus
Outils de recherche
Environ 2 850 résultats (0,47 secondes)
Recette de piment d'Espelette Cuisine gratuite et ... - Show Devant
show-devant.fr/tag/piment-despelette
12 août 2011 – En préparent un cocktail d'avocats avec de la sauce cocktail, j'ai eu l'idée de changer la manière de préparer cette recette, en remplacent la ...

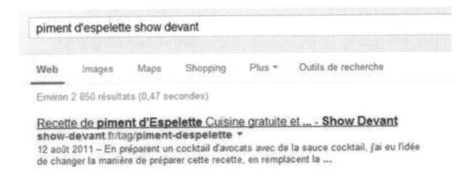

Figure 7-8 : recherche d'un tag depuis Google

Tous vos articles doivent être facilement accessibles

Gardez en tête qu'avec un blog bien structuré, l'accès à l'information sera facilité. Que ce soit un moteur de recherche ou un utilisateur, quand on arrive sur votre blog, on doit être en mesure de pouvoir récupérer tous vos articles.

Les 10 derniers articles et les pages importantes seront partout accessibles en un clic, tous vos articles en deux ou trois clics grâce aux catégories et tags que vous aurez créés.

Si on navigue sur votre blog à la recherche d'un article en particulier, ce n'est pas non plus du luxe de proposer un moteur de recherche en haut de votre site. S'il est caché en bas à droite, autant ne pas en mettre.

Selon les tests utilisateurs de Jakob Nielsen, lorsqu'il s'agit de naviguer sur un site, il reste une forte proportion d'utilisateurs (+ de 50 %) qui pensent moteur de recherche plutôt que d'essayer de trouver le bon lien sur votre page (25 %).

Zoning et navigation d'un blog

Maintenant que vous avez défini vos principales catégories, vos pages de mots-clés, vos pages pratiques, il va falloir vous demander comment vos visiteurs vont pouvoir y accéder facilement chaque fois qu'ils se trouveront sur votre blog.

Pour se faire, vous allez décomposer le thème de votre blog en plusieurs sous-parties (zonings) et y définir quels éléments de contenu et de navigation vous souhaiterez présenter à vos lecteurs.

Chaque thème WordPress comporte 4 grands zonings

Dans WordPress, sont définis pour chaque thème dans Apparence > Éditeur les propriétés de 4 grandes zones :

- le header (dans header.php)
- le footer (dans footer.php)
- la sidebar (dans sidebar.php, ou rsidebar.php, lsidebar.php)
- le contenu (dans single.php, index.php, page.php, archive.php)

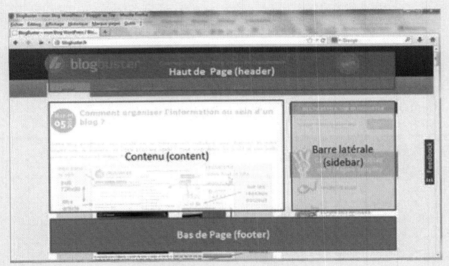

Figure 7-9 : zoning d'un blog

Ce sont ces 4 grandes zones que vous allez pouvoir modifier soit en installant un thème qui répond à vos contraintes, soit en modifiant le code HTML dans l'éditeur de WordPress (des connaissances en HTML et CSS sont indispensables). Voyons ensemble à quoi sert chaque grande zone.

Le header (haut de page)

Le header va servir à mettre en avant votre logo, le nom de votre site et sa promesse (éléments que vous avez travaillés dans le brief créatif), il pourra également gérer la navigation (menu, recherche, fil d'ariane).

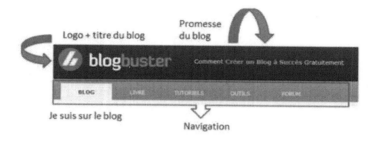

Figure 7-10 : header d'un blog

Le haut de page me permet d'identifier d'un coup d'œil sur quel site je suis (grâce au logo), sur quelle rubrique (onglet activé et fil d'Ariane) et de naviguer sur l'ensemble du site (grâce au menu).

Fil d'ariane : c'est quoi ça ?

Un fil d'Ariane (en anglais, breadcrumb, par allusion aux miettes de pain utilisées par Le Petit Poucet) est, en ergonomie et plus particulièrement de nos jours dans le domaine de la conception d'interfaces informatiques, une aide à la navigation sous forme de signalisation de la localisation du lecteur dans un document (très souvent, une page d'un site Web). Leur but est de donner aux utilisateurs un moyen de garder une trace de leur emplacement à l'intérieur de programmes, documents ou pages Web. Source : Wikipédia.

Figure 7-11 : fil d'ariane

Les menus situés en haut de page sont les menus les plus visibles et les plus utilisés. C'est devenu un standard sur pas mal de sites Internet. Le système d'onglet me permet de savoir sur quelle partie du site je me trouve (vous pouvez le compléter en dessous avec un fil d'ariane).

Comme le regard lit de gauche à droite (sens de lecture du français), vous devez mettre les liens les plus importants à gauche. Et comme l'esprit humain a ses limites pour scanner l'information de façon horizontale, ne mettez pas plus de 7 liens dans ce menu (du plus important au moins important).

Le footer (bas de page)

Le footer peut contenir également des éléments de navigation, mais on l'utilise surtout pour pointer des pages d'information (conditions générales d'utilisation, à propos...) et de contact ou pour créditer l'auteur du design et la solution de blog utilisée.

Figure 7-12 : footer d'un blog

Personnellement, je m'en suis servi ici pour détailler la promesse (c'est quoi BlogBuster ?) et l'étayer par une preuve concrète (l'auteur ayant déjà un BlogBuster sait de quoi il parle) pour mettre en confiance le lecteur.

Il y a tellement aujourd'hui d'escrocs qui vendent du rêve autour du blogging que je me suis senti obligé de m'en démarquer d'emblée.

La zone de contenu (cœur de page)

La zone de contenu contiendra vos derniers articles, ou l'article en cours de lecture.

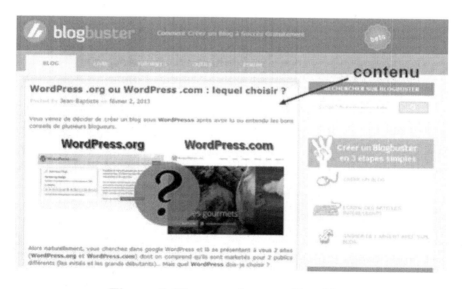

Figure 7-13 : cœur de page d'un blog

Certains blogueurs ajoutent en page d'accueil un slider / carrousel des derniers articles pour faire comme sur les pages d'accueil Orange, Yahoo!, ou MSN ;-)

Personnellement, je trouve cela inutile ! Un visiteur n'arrive que très rarement sur votre page d'accueil et admettons que vous en ayez plus de 100 par jour, vous en aurez peut-être une dizaine qui cliquera sur votre super carrousel. À côté de cela, votre publicité sera passée sous la ligne de flottaison et votre page se sera chargée plus longtemps pour tous les utilisateurs.

Et je ne parle même pas de la redondance entre vos articles défilant dans le slider et ceux affichés plus bas par ordre antéchronologique.

Ligne de flottaison, Scrolling, pixel : c'est quoi ça ?

Ligne de flottaison : sur un écran d'ordinateur et plus particulièrement sur un navigateur, la ligne de flottaison est la ligne qui sépare la partie d'une page Web visible lors du chargement de la partie invisible qui est accessible uniquement avec l'utilisation de la barre de défilement (barre de scroll verticale). Par convention, on considère qu'un écran moyen fait 768 pixels de hauteur. Admettons que le haut du navigateur (barre d'adresse et onglets) fasse 100 pixels de hauteur, la page Web n'a donc plus que 668 pixels de visibilité en hauteur, si un bloc de votre page est positionné à la verticale à 800 pixels, il se retrouve situé sous la ligne de flottaison. Il sera donc moins visible et moins cliqué.

Barre de Scroll, Scrolling, Scroller : C'est l'action de faire défiler l'écran de son navigateur vers le bas pour voir l'intégralité du contenu de la page. Quand on navigue sous la ligne de flottaison, on scrolle. Sur 100 visiteurs d'une page Web, 100 verront la page sans scroller, seulement 25 feront l'effort de scroller de 500 pixels vers le bas, 5 de 1 000 pixels vers le bas.

Pixel : C'est l'unité de mesure d'un écran. Les dimensions d'un élément graphique sont exprimées en pixels (px) par une largeur et une hauteur. Le format publicitaire standard (rectangle medium) mesure 300 pixels en largeur et 250 pixels en hauteur. Par convention, on écrit 300x250.

La barre latérale (sidebar) : à droite ou à gauche ?

La barre latérale contient en général les éléments suivants :

- la navigation par tag et par rubrique,
- vos derniers articles,
- quelques widgets,
- et peut-être un espace publicitaire.

Question : Faut-il la mettre à droite ou gauche ?

Tout dépend du format de votre blog. Le standard pour les blogs est de mettre la barre latérale à droite du contenu. On considère que sur un blog l'attention doit être portée d'abord au contenu et pas à la navigation.

Le regard lisant de gauche à droite, le contenu sera plus lisible s'il est positionné à gauche. Et comme on vient sur un blog pour le contenu, autant le trouver le plus rapidement possible. Si j'ai du mal à le trouver, je peux appuyer sur le bouton retour du navigateur illico et quitter votre blog.

Maintenant, si votre blog est un site vitrine, un livre en ligne, ou un blog de cuisine, où la navigation est aussi importante que la bonne lisibilité du contenu, je peux vous garantir qu'un menu (barre latérale) positionné à gauche sera bien plus efficace qu'un menu positionné à droite.

Souvent, on associe la zone de droite à la publicité et donc on a plus tendance à l'éviter. Alors que notre regard se positionne toujours en premier en haut à gauche de l'écran. Un élément positionné à gauche cliquera donc plus.

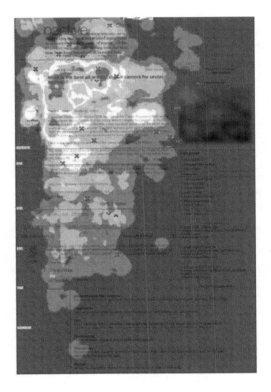

Figure 7-14 : eye tracking réalisé par les équipes de Yahoo!

Mise en page d'un blog

Nous venons de régler les questions de l'organisation de l'information et de la navigation au sein de votre blog, intéressons-nous dès à présent à la mise en page globale de votre blog.

Lorsque vos lecteurs accéderont à un de vos articles sur leur ordinateur ou sur leur mobile, comment vous assurer qu'ils arriveront à bien lire l'article en cours et à découvrir d'autres articles intéressants ?

Principes de mise en page communs à tous les blogs

Avant de vous demander combien il vous faudra de colonnes pour gérer les espaces contenus et barre latérale, j'ai essayé de résumer en une image quelques grands principes de mise en page (fig. 7-15) que l'on retrouve sur les blogs et sur pas mal de sites.

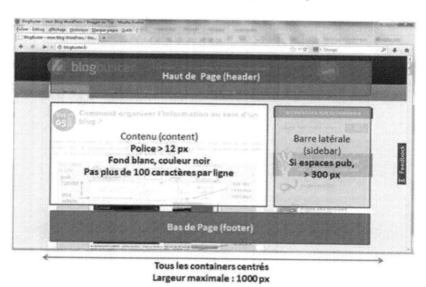

Figure 7-15 : grands principes de mise en page d'un blog

Une zone de contenu lisible

La zone de contenu contient le texte de vos articles. Il faut donc vous assurer que la lisibilité de cette zone est parfaite en termes de typographie et de mise en page. Respectez donc ces 3 règles fondamentales :

- Une taille de police > 12 px.

- On lit mieux sur un fond blanc avec une police de caractère noire.

- Il ne faut pas que l'on compte plus de 100 caractères par ligne pour préserver un confort de lecture optimal.

Une barre latérale supérieure à 300 pixels en largeur

La barre latérale située à gauche ou à droite de la zone de contenu contient la navigation par tags et par rubriques, vos derniers articles et peut-être un espace publicitaire. Le format d'affichage standard des pubs sur le Web est le 300×250, voilà pourquoi je tiens à une largeur > à 300 px.

Toutes ces zones doivent être centrées et inférieures à 1 000 pixels en largeur

On lit encore beaucoup les blogs derrière un ordinateur : 88 % des connexions à mon blog se font derrière un ordinateur, 12 % derrière une tablette ou un mobile.

Aujourd'hui, les écrans d'ordinateur avec des résolutions d'écran inférieures à 1024 pixels doivent être assez rares (moins de 1 % je pense). En revanche, nous avons encore pas mal de 1024×768 en circulation (au moins 10 %), mais surtout des résolutions > ou = à 1280 pixels.

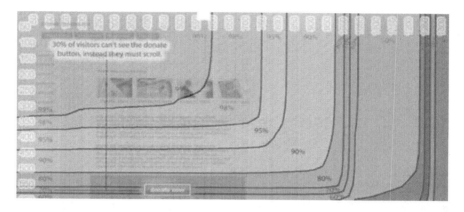

Figure 7-16: zones visibles en fonction des tailles d'écran

Il faut arriver à contenter tous ces publics, d'où l'idée d'avoir un design centré qui ne fasse pas plus de 1 000 pixels en largeur. Ceux qui auront des résolutions d'écran 1920×1080 ne verront pas ainsi tout votre site complètement à gauche et ceux qui sont à 1024×768 pourront encore vous lire sans avoir à scroller horizontalement (chose que plus personne ne fait).

Faut-il choisir une mise en page à deux ou trois colonnes ?

Personnellement, je vous conseillerais plutôt d'opter pour une mise en page classique à 2 colonnes. Une colonne pour mettre en avant le contenu, une colonne pour mettre en avant la barre latérale (catégories, tags).

Figure 7-17: mise en page 2 colonnes

Si vous avez besoin de 3 colonnes

Vous avez décidé d'optimiser au maximum la lisibilité de votre zone de contenu : réduction de la largeur pour avoir 50 à 75 caractères par ligne. Il vous reste donc pas mal d'espace à gauche ou à droite et ça pourrait être l'occasion de positionner 2 colonnes au lieu d'une dans la barre latérale pour remonter vos derniers articles au même niveau que vos catégories.

On arriverait alors à ces 2 types de disposition qui paraissent tout à fait pertinents (il reste au-dessus des 2 colonnes un espace > 300 px si besoin pour la pub) :

Figure 7-18: mise en page 3 colonnes

Évitez d'avoir une colonne à gauche et une colonne à droite du contenu

Imaginez ce type de mise en page pour vos visiteurs.

Figure 7-19: mise en page 3 colonnes, cœur de page centré autour de 2 colonnes

Lors de chaque visite, votre lecteur se demandera s'il faut regarder à gauche ou à droite pour naviguer dans les catégories. La colonne de gauche aura plus d'impact que celle de droite (sens de lecture) et tout ce qui se trouvera à droite sera ignoré.

Une mise en page à une colonne seulement sur mobile

12 % de connexions mobiles / tablettes chez moi, soit un peu plus que les 1024×768, il ne faut pas bien sûr négliger ces personnes ! Sur ce type de terminaux, il faut basculer en mise en page une colonne. 2 techniques permettent de le faire :

- Le Reponsive Web Design. Pour voir ça en action sur mon blog, c'est par ici : **http://blogbuster.fr/en/**

- Un plugin WordPress WP-Touch. Pour voir ça en action sur mon blog, c'est par ici : **http://blogbuster.fr**

Responsive Web Design : c'est quoi ça ?

Le Responsive Web Design (RWD) est une technique de mise en page d'un site Web qui permet d'avoir un design qui s'adapte en fonction des tailles d'écran. Au lieu d'avoir plusieurs fichiers de mise en page, on n'en a qu'un seul qui est dynamique. Grâce au RWD, la taille de la police d'écriture et le nombre de colonnes s'adaptent en fonction de votre écran pour vous assurer que quel que soit le terminal (PC, Tablette, mobile) utilisé par un de vos lecteurs, il aura un confort de lecture optimal.

Si on est sur un écran PC > 600 pixels, le design s'affiche sur 2 colonnes avec une taille de police d'écriture moyenne.

Figure 7-20: affichage sur 2 colonnes sur PC

Si on bascule sur un terminal tablette / mobile < 600 pixels, on passe à un affichage sur 1 colonne, le menu horizontal se transforme en menu déroulant, la police d'écriture devient plus grosse pour faciliter la lecture, les blocs à droite descendent en bas de page.

Figure 7-21: affichage sur 1 colonne sur mobile

Évitez les affichages 1 colonne sur 1 000 pixels de largeur, à moins d'avoir une très grande police, car au-delà de 100 caractères par ligne, le texte devient très difficile à lire pour l'œil humain.

On approfondira les aspects optimisation de votre blog pour une consultation sur mobile dans le chapitre 15.

À retenir

Avant de rédiger votre premier article, vous devez penser :

- à l'arborescence de vos contenus,
- au zoning de votre blog,
- à sa mise en page.

Arborescence de vos contenus :

- Pages, ex : À propos, Contact, Glossaire, Outils, Créer un blog.
- Catégories, ex : Plateforme de blog, ergonomie, design, SEO, Monétisation.
- Tags, ex : Tutoriels, Livre.

Zoning de votre blog :

- Haut de page : Logo + Titre + slogan + moteur de recherche + menu de navigation.
- Cœur de page : Articles.
- Barre latérale : Catégories, Tags, Widgets.
- Bas de page : Page contact, page à propos.

Mise en page de votre blog :

- Design centré.
- Largeur : 985 px.
- 2 colonnes.
- Taille de police : 14px.
- Largeur cœur de page : 610 px.
- Fond blanc.
- Colonne à droite (Largeur > 300 px).

Aller plus loin

Si vous voulez prendre les bonnes décisions ergonomiques et les mettre en pratique sur votre blog WordPress, je vous recommande ces lectures :

- Chris Barr : Livre The Yahoo ! Style Guide
  http://jbv.ovh/bb-23

- Steve Krug : Livre Don't Make me Think
  http://jbv.ovh/bb-24

- Jackob Nielsen Alertbox
  http://jbv.ovh/bb-25

- Anatomy of a WordPress theme
  http://jbv.ovh/bb-26

8- COMMENT PERSONNALISER SON DESIGN ?

Design est un drôle de mot. Certaines personnes pensent que « design » signifie « à quoi un objet ressemble ». Mais bien sûr, si vous creusez plus profond, c'est vraiment comment cet objet fonctionne.
Steve Jobs

Maintenant que nous sommes au point sur l'ergonomie de notre blog et de nos pages articles, on peut aborder la problématique de l'habillage graphique.

Sur tous les blogs que j'ai lancés, je suis toujours parti d'un design existant que j'ai au fil du temps personnalisé. Il est donc primordial que vous choisissiez au départ un thème qui porte au mieux la promesse de votre blog et tant qu'à faire – puisqu'on se connectera de plus en plus à Internet derrière un mobile ou une tablette – que votre design soit responsive !

Un design de blog n'est jamais figé

Lorsqu'on conçoit une page Web, la structuration du contenu (rendu possible grâce au langage HTML) est indépendante de sa mise en forme (mise en forme obtenue grâce au langage CSS). Ainsi tout au long de la vie de votre blog, vous pourrez faire évoluer son design simplement en modifiant son code CSS.

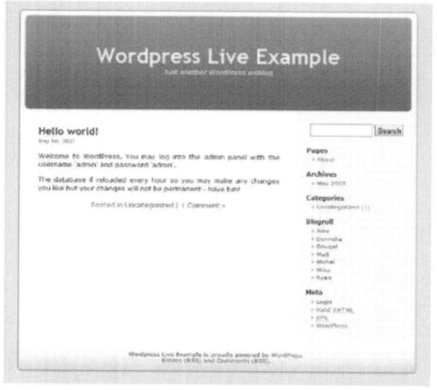

Figure 8-1 : 1er design de Jeanviet : le thème Kubrick

C'est donc un vrai plus si vous maîtrisez parfaitement les langages HTML et CSS : vous serez totalement autonome au niveau de la personnalisation du design de votre blog.

Figure 8-2 : 2e design de Jeanviet : Kubrick personnalisé

Après, si vous voulez vraiment lui ajouter une touche pro, il faudra avoir recours à un graphiste.

Figure 8-3 : 3e design de Jeanviet : Recours à un designer

Grâce à Emilie, un beau design, de belles couleurs, un beau logo. J'ai procédé aux mêmes étapes avec BlogBuster, le thème Kubrick a été remplacé par Parchment (gratuit à l'époque) et Emilie par Nicolas :-)

Où trouver des thèmes WordPress gratuits ?

Si vous venez d'installer WordPress, vous allez démarrer de fait avec un thème responsive (le thème Twenty Twelve par défaut dans WordPress 3.5+ l'est). Ce thème de base peut ne pas vous convenir, aussi je vous invite à aller dans Thèmes > Onglet Installer Thèmes et à chercher dans plus de 1 700 thèmes gratuits selon vos préférences (couleur, nombre de colonnes, sidebar à droite ou à gauche...)

Figure 8-3 : recherche de thèmes sur votre blog WordPress

Vous pourrez ainsi installer directement le thème de votre choix.
Pour les utilisateurs les plus expérimentés, il est également
possible d'aller chercher d'autres thèmes WordPress sur le Web et
de les copier-coller via FTP dans votre répertoire wp-
content/themes/

Figure 8-4 : transfert FTP de thèmes

Vous avez quelques bons thèmes sur WordPress.org et sur Github. N'allez pas les télécharger ailleurs ! Ils pourraient être payants ou dangereux (code malicieux ou liens vers des sites peu recommandables présents de force dans le footer et impossibles à retirer).

Bien souvent au hasard d'une recherche Google, vous vous retrouvez donc sur des blogs peu scrupuleux qui sous couvert de "sélection" vous renverront vers des thèmes payants en touchant une commission au passage !

C'est quoi un bon thème WordPress ?

Sans rentrer dans des critères subjectifs de goûts, on peut exiger certaines caractéristiques d'un thème WordPress :

- Il doit s'adapter à votre contenu et à vos choix ergonomiques (pour moi : deux colonnes, contenu à gauche, sidebar à droite).
- Il doit s'adapter à tous les écrans (PC, tablette, mobile), c'est-à-dire être Responsive Web Design.
- Il doit être neutre, léger en poids et personnalisable.

Si je ne devais vous recommander qu'un seul thème WordPress qui répond à tous ces critères, ce serait le thème Catch Box (**http://jbv.ovh/bb-26**) que j'ai utilisé pour créer une version anglaise de BlogBuster.

À retenir

Voici les étapes à suivre pour personnaliser son design :

1. Choisir un thème gratuit responsive Web Design.
2. Personnaliser au niveau du CSS ou depuis les paramètres du thème le logo, les couleurs, les polices.
3. Faire appel à un graphiste ou acheter un thème premium si vous voulez un rendu pro.

Aller plus loin

Voici une liste de blogs et de sites ou vous trouverez quelques thèmes WordPress gratuits et quelques ressources pour personnaliser votre thème :

- Thèmes WordPress gratuits : **http://wordpress.org/themes/**
- Site Design and Layout (Codex) : **http://jbv.ovh/bb-28**
- Liste des 10 meilleurs thèmes WordPress Responsive gratuits **http://jbv.ovh/bb-29**
- Personnaliser un thème WordPress Responsive **http://jbv.ovh/bbs-30**

Pour les autres plateformes (Blogger, Tumblr), c'est par ici :

- Tumblr : **http://www.tumblr.com/themes/**
- Blogger : allez sur **https://www.blogger.com** et cliquez sur Modèles

9- COMMENT AVOIR UN BLOG QUI SE CHARGE VITE ?

D'abord et surtout, nous croyons que la vitesse est plus qu'une fonctionnalité. La vitesse est la fonctionnalité la plus importante. Si votre application est lente, les gens ne l'utiliseront pas.
Fred Wilson

Un blog c'est comme une attraction dans un parc à thèmes, plus la file d'attente à l'entrée est longue, moins on a envie d'y rentrer. Si votre page d'accueil de blog ou un de vos articles met plus de 3 secondes à se charger, vous risquez de perdre une partie importante de vos visiteurs qui ne supporteront pas de ne pas avoir un accès immédiat à l'information qu'ils sont venus chercher.

Pourquoi c'est important d'avoir un site qui se charge rapidement ?

Dans le passé, on s'est tous dit qu'avec la montée en puissance des débits des connexions internet, on ne serait plus limité par des contraintes de poids sur nos pages Web.

En même temps, nous avons multiplié les appels à des scripts externes (AdSense, Analytics, Facebook, Twitter...), les pages sont devenues dynamiques (HTML -> PHP/MySQL) et le mobile est arrivé apportant une flotte de nouvelles connexions plus lentes et donc plus exigeantes en termes de performance Web !

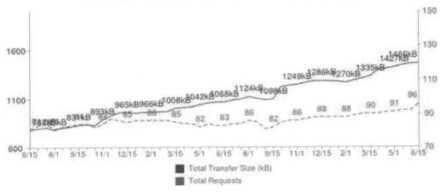

Figure 9-1 : poids moyen d'une page Web au cours du temps

En deux ans, le poids des pages a presque doublé (1,4 Mb la page) alors que vraisemblablement la vitesse de connexion moyenne à internet a dû baisser notamment avec l'arrivée des smartphones (connexions mobiles souvent inférieures à 4 Mbits/s) et la faible percée des connexions très haut débit. Le déploiement progressif de la 4G en France depuis le début de l'année 2014 devrait bientôt donner un second souffle généralisé à nos débits.

Je veux que vous gardiez ces 3 idées en tête :

- Un site qui est trop lent à charger ne sera jamais consulté.

- Google positionne mieux les sites rapides dans ses résultats (+ 50 % du trafic d'un blog vient de Google, donc ça vaut le coup de les satisfaire).

- Plus un site est rapide à charger, plus on aura envie de naviguer dedans.

Quel est le temps de chargement moyen d'une page ?

En fait, ce n'est pas à la moyenne que vous devez vous intéresser, mais plutôt à la médiane, c'est-à-dire le curseur entre les 50 % de sites les plus rapides (là où on veut être) et les 50 % de sites les moins rapides (là où on ne veut pas être).

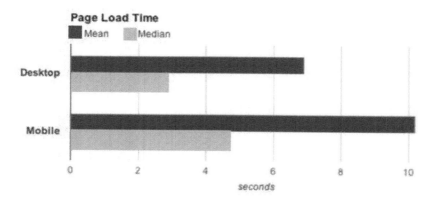

Figure 9-2 : temps de chargement moyen et médian d'une page Web sur PC et Mobile

Google a mesuré cela chez les utilisateurs de Google Analytics qui ont activé le partage d'information. C'est 3 secondes pour une connexion depuis un ordinateur de bureau, 5 secondes depuis une connexion mobile.

Donc il faut arriver à faire moins de 3 secondes pour être dans les 50 % les plus rapides !

Comment mesurer le temps de chargement d'une page ?

Voici trois outils gratuits qui vont vous permettre de faire des tests de performance sur vos pages :

- **WebPageTest** (le plus complet, diagnostic lent à réaliser).

- **Pingdim Full Page Test** (le plus rapide).

- **PageSpeed de Google** (le plus didactique, il donne des conseils pour améliorer vos temps de réponse).

Comment améliorer le temps de chargement d'une page ?

L'outil PageSpeed de Google va vous donner pas mal de pistes d'optimisations personnalisées pour votre site. Autrement je vous recommande également d'aller jeter un œil au site Browser Diet et / ou d'acheter le memento de la WebPerf d'Armel Fauveau et Lionel Pointet.

Pour ma part, j'ai réussi à passer d'un blog qui mettait plus de 4 secondes à se charger la première fois à un blog qui met maintenant moins de 2 secondes (1ère connexion : sans tenir compte des images mises en cache).

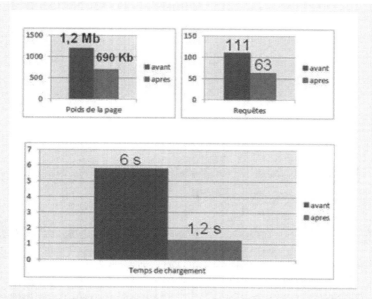

Figure 9-3 : optimisation des performances de mon blog

Les principaux outils que j'ai utilisés :

- **JpegMini** pour réduire le poids des images sans perte.

- **WP Super Cache** pour générer des pages statiques en cache (permet de soulager votre base de données en cas de connexions multiples et d'avoir un affichage plus rapide).

- **BJ Lazy Load** pour charger les images seulement quand elles s'affichent à l'écran (au scroll vertical de la souris par exemple).

- **WP Socialite** pour charger les boutons de partage Facebook, Twitter, Google+ en asynchrone.

Quelques bonnes pratiques en vrac à appliquer en plus

Voici quelques conseils supplémentaires pour accélérer encore plus l'affichage des pages de votre blog sur les navigateurs de vos lecteurs :

- Éliminez tous les fichiers javascript (.js) inutiles.

- Faites en sorte que votre feuille de style principale (.css) soit chargée le plus tôt possible dans la page.

- Chargez les .js en dernier (juste avant </body>).

- Minifier les .js et .css.

- Ajoutez le tag Google Analytics asynchrone.

- Faites des sprites CSS quand cela est possible.

Je suis conscient que ces conseils sont très techniques et pas à la portée du plus grand nombre. Je vous invite à chercher sur Internet les tutoriels qui vont bien pour mettre en place ces conseils.

Si vous avez installé un plugin de cache (comme WP Super Cache) et que vous avez fait en sorte de toujours télécharger des images légères, vous aurez déjà fait une grande partie du travail d'allégement de vos pages.

Cache Web, Tag asynchrone, Compression

d'image, Sprite CSS : c'est quoi ça ?

Cache Web : La mise en cache de documents Web (ex : page Web, images) est utilisée afin de réduire la consommation de bande passante, la charge du serveur Web (les tâches qu'il effectue) ou améliorer la rapidité de consultation lors de l'utilisation d'un navigateur Web. Un cache Web conserve des copies de documents transitant par son biais. Le cache peut, dans certaines conditions, répondre aux requêtes ultérieures à partir de ses copies, sans recourir au serveur Web d'origine. source : Wikipédia.

Tag asynchrone : c'est un script ou un bout de code qui se charge indépendamment des autres éléments de votre page. Votre page pourra s'afficher complètement sans ce tag. Quand vous faites appel à des bouts de codes extérieurs à votre domaine, vous avez intérêt à les appeler en asynchrone. Google analytics, AdSense, Facebook, Twitter fournissent des tags asynchrones pour vous permettre d'afficher le contenu de votre page tout de suite et les scripts statistiques, publicitaires, de partage social après.

Compression d'image : Il est inconcevable de charger sur votre site des images en haute définition. Pour que votre site s'affiche rapidement, vous allez réduire la taille de vos photos et les compresser au format jpeg. Ainsi une image qui pesait 1 000 ko sur votre PC n'en fera plus que 30 ko sur votre site.

Sprite CSS : technique de mise en page Web qui consiste à charger plusieurs images dans une page en n'appelant qu'un seul fichier image au chargement de la page. Toutes les images filles sont imbriquées dans une image mère. Avec des instructions CSS de position, on peut appeler chaque image fille à l'endroit où on en a besoin dans la page HTML. Au lieu d'avoir 10 requêtes images filles, on passe ainsi à une requête image mère.

Les choses à ne pas faire

Voici quelques erreurs communes à éviter :

- Avoir une image de fond de plus 200 ko qui se charge sur toutes vos pages.

- Multiplier les scripts externes sans chargement asynchrone.

- Redimensionner l'image dans les propriétés HTML (ça nuit aux performances, il faut télécharger les images dans leur dimension finale de restitution sur votre blog).

À retenir

Vous devez toujours être obnubilé par le chargement rapide de vos pages. Celui-ci passe principalement par un hébergement rapide, l'utilisation d'images légères et compressées (<30 ko), une mise en cache efficace, une limitation des appels aux widgets hébergés sur des domaines externes, des fichiers CSS et javascript optimisés.

Aller plus loin

Voici une liste de sites et de livres où vous trouverez quelques ressources pour améliorer le temps de chargement de votre blog :

- Page Speed : **http://jbv.ovh/bb-31**
- Browser Diet : **http://browserdiet.com/fr/**
- Memento de la WebPerf : **http://jbv.ovh/bb-32**
- Htaccess, performances et temps de chargement : **http://jbv.ovh/bb-33**

PARTIE 2 :
FAIRE CONNAÎTRE
SON BLOG

Rechercher l'intérêt de l'utilisateur et le reste suivra.
Google

Bravo ! Si vous êtes arrivés jusque-là c'est que votre blog est déjà en ligne.

Normalement, à ce stade, vous devriez avoir un blog :

- avec une stratégie éditoriale solide,

- avec son propre nom de domaine,

- avec son propre design,

- avec une liste de catégories définies,

- qui se charge vite.

Si vous n'êtes pas à l'aise sur l'un de cinq aspects, je vous invite à relire les chapitres adéquats dans la 1ère partie (Créer un blog).

L'essence d'un blog c'est son contenu. Nous allons apprendre dans cette partie à le soigner. Pour que vos articles soient lus par le maximum de visiteurs, il faudra que vous vous demandiez comment susciter leur intérêt chaque fois qu'ils sont sur :

- votre blog,

- Google,

- Facebook ou les autres réseaux sociaux,

- mobile,

- leur mail.

Nous allons aborder tous ces points dans cette partie, afin que votre blog soit consulté en l'espace de 6 mois par plus 100 visiteurs par jour et en l'espace d'1 an par plus de 500 visiteurs par jour pour devenir un BlogBuster !

10- C'EST QUOI UN BLOGBUSTER ?

Il faut donner pour recevoir

Un BlogBuster c'est :

- Un blog qui arrive à intéresser les internautes bien au-delà du propre réseau relationnel de l'auteur, grâce à la qualité de ses articles et à des sujets fédérateurs.

- Un blog qui fait autorité dans son domaine, qui fidélise, qui fait réagir.

- Un blog dont les articles sont partagés sur les réseaux sociaux et qui remontent souvent en 1ère page des moteurs de recherche.

- Un blog qui arrive à fédérer chaque jour au moins 500 visiteurs ou au moins 10 000 visiteurs / mois.

- Un blog qui arrive à générer chaque jour au moins 2 € de revenus publicitaires ou au moins 50 € / mois.

Une méthode qui n'est pas contraignante

Pour avoir un blog à succès, il n'est pas nécessaire selon moi de publier chaque jour un ou plusieurs articles de blog. Pour conserver une bonne régularité de publication et faire grandir son blog, il faut arriver à rédiger un à deux articles de qualité par semaine.

Une méthode qui apporte un bénéfice immédiat

Si on lève l'exigence au niveau de la quantité d'articles publiés chaque jour, il faut en revanche que chaque semaine vous publiiez au moins un article de fond.

Un article qui vous demandera trois ou quatre heures de recherches et de réflexion mais qui intéressera vos lecteurs car ils apprendront quelque chose de nouveau. Ce travail préparatoire vous permettra de vous enrichir intellectuellement chaque semaine sur un sujet qui vous passionne.

Une méthode qui paiera au bout d'un an

Lorsque l'on prend son temps personnel pour enrichir gratuitement le savoir collectif du Web, quoi de plus légitime que d'avoir en retour un revenu qui rembourse nos dépenses d'hébergement, de nom de domaine, ainsi que nos factures internet, mobile, TV et pourquoi pas les livres ou DVD que l'on achète.

Une seule contrainte : publier un tutoriel complet tous les mois

Ma propre expérience de blogueur a prouvé que les tutoriels rencontraient toujours un vif succès auprès des internautes. C'est grâce à deux tutoriels que mon audience a décollé.

Les tutoriels sont les articles les plus commentés, les plus partagés sur les réseaux sociaux et les plus pointés depuis les forums. Un bon tutoriel peut prendre une dizaine d'heures à préparer : tests, captures d'écran (images ou vidéos), prérequis, descriptions pas à pas des étapes. Il faudra faire ce travail tous les mois si vous voulez que votre blog décolle.

11- MESURER L'AUDIENCE DE SON BLOG

Le prix de la lumière est inférieur au coût de l'obscurité.
Arthur Nielsen

Si vous ne mesurez pas l'audience de votre blog, il est impossible de savoir si votre blog a rencontré le succès. Sur internet, tout peut être mesuré finement grâce aux outils de Web Analytics. Pour mesurer le succès et être en mesure le reproduire, il va falloir analyser un certain nombre d'indicateurs d'audience pour votre blog et les suivre dans le temps.

Grâce aux outils de mesure d'audience, vous saurez répondre à ces questions :

- Combien de visites, visiteurs uniques, pages vues génère mon blog ?

- Quels sont mes articles les plus consultés ?

- Comment les internautes arrivent sur mes pages ?

- Quels mots-clés tapent-ils sur Google ?

- Qui sont-ils ? Des robots ? Des hommes ? Ou des femmes ?

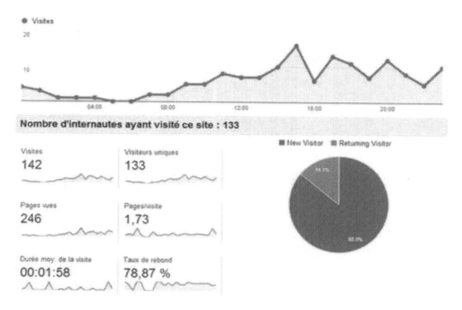

Figure 11-1 : suivi des visites sous Google Analytics

Visiteur unique, visite, pages vues : c'est quoi ça ?

Visiteur unique : Individu qui consulte un site, une application Internet, une partie ou un ensemble de sites ou d'applications Internet, au cours d'une période définie. Source : http://www.terminologietim.org/.

Depuis avril 2014, Google Analytics a remplacé le terme visiteur unique par le terme **utilisateur**. Les 2 termes correspondent à la même métrique.

Visite : Consultation d'au moins une page d'un site au cours d'une session utilisateur. Par convention, une absence de consultation de nouvelles pages sur ce site, depuis un même poste fixe connecté, dans un délai excédant 30 minutes, vaut pour fin de la visite. Source : http://www.terminologietim.org/.

Depuis avril 2014, Google Analytics a remplacé le terme visite par le terme **session**. Les 2 termes correspondent à la même métrique.

Pages vues : Le nombre de fois où les pages d'un site ont été chargées entièrement sur une période de temps donnée (heure, jour, semaine, mois). La page doit être complètement chargée dans le navigateur.

Les outils d'analyse de fichiers logs

Chaque fois qu'un robot ou un navigateur se connecte à votre site, cela génère une ligne de log (fig. 11-2) sur le serveur qui héberge votre site. Cette ligne contient l'adresse IP de la machine qui vous a rendu visite, l'heure, le jour, la page consultée, le code http...

66.249.78.54 BlogBuster.fr – [03/Jan/2014:06:58:27 +0100] "GET /plateforme-de-blog/acheter-un-nom-de-domaine-et-un-hebergement-au-meilleur-prix-chez-ovh.htm HTTP/1.1? 200 12583 "-" "Mozilla/5.0 (compatible; Googlebot/2.1; +http://www.google.com/bot.html)"

Figure 11-2 : ligne de log suite à la visite du robot Google

Ces accès à votre site sont archivés dans des fichiers de logs compressés que vous pouvez consulter à tout moment depuis la plateforme d'administration de votre hébergeur.

Suivant l'activité qui se passe sur votre site, vous pouvez avoir chaque jour + de 10 000 lignes à analyser ! Alors, heureusement, les hébergeurs vous mettent à disposition des outils d'analyses de fichiers logs.

OVH vous permet par exemple d'avoir accès à cette adresse https://logs.ovh.net/nomdusite.fr) :

- aux logs bruts,

- à l'analyse Urchin archivée (outil racheté par Google en 2005 qui a donné naissance à Google Analytics),

- à l'analyse AWStats temps réel (outil d'analyse de logs open source).

- La mesure par analyse de fichiers logs est intéressante d'un point de vue technique / sécurité pour connaître par exemple :

- Quelles IP essaient de se connecter à votre FTP ou à votre interface d'admin ?

- Quelle bande passante est consommée mensuellement sur votre site ?

- Quels robots d'indexation passent sur votre site ?

Visiteurs Robots/Spiders			
20 robots différents	Hits	Bande passante	Dernière visite
WordPress	130	826.36 Ko	04 Jan 2014 - 22:28
MSNBot-media	49+50	1.57 Mo	04 Jan 2014 - 21:35
Voila	89	524.68 Ko	04 Jan 2014 - 23:00
Unknown robot (identified by 'robot')	57+1	553.41 Ko	04 Jan 2014 - 21:04
Googlebot	41+14	598.57 Ko	04 Jan 2014 - 22:43
Feedburner	45	161.19 Ko	04 Jan 2014 - 22:46
Unknown robot (identified by 'bot*')	20+9	154.67 Ko	04 Jan 2014 - 22:50
Feedfetcher-Google	19	528.53 Ko	04 Jan 2014 - 21:49
Unknown robot (identified by hit on 'robots.txt')	0+18	868 Octets	04 Jan 2014 - 20:12
MJ12bot	2+7	11.93 Ko	04 Jan 2014 - 15:39
Custo	7	304.34 Ko	04 Jan 2014 - 12:38

Figure 11-3 : robots qui sont passés le 4/01/2014 sur BlogBuster. (outil AWStats)

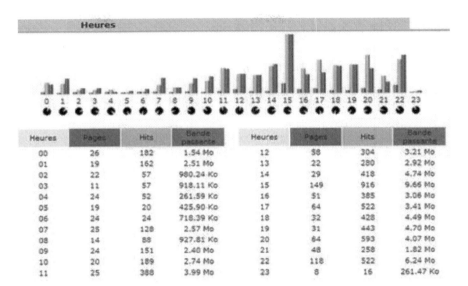

Figure 11-4 : bande passante consommée dans la journée. (outil AWStats)

	Résumé	
Période d'analyse	Mois Jan 2014	
Première visite	04 Jan 2014 - 00:00	
Dernière visite	04 Jan 2014 - 23:02	
	Visiteurs différents	Visites
Trafic 'vu' *	305	363 (1.19 visites/visiteur)
Trafic 'non vu' *		

Figure 11-5 : AWStats me donne 305 visiteurs uniques pour le 4/01/2014 quand Google Analytics m'en donne 127.

En fait les 60 % de visiteurs uniques que me compte en trop AWStats (fig. 11-5) correspondent à des robots (cf. étude d'Incapsula : 61,5 % du trafic Web = robots **http://jbv.ovh/bb-34**).

Ce sont pour moitié des moteurs de recherche qui indexent mes pages, des scrapers qui aspirent mes contenus, des spammeurs qui essaient de créer des faux comptes sur mon forum (j'ai fermé l'accès automatique du coup) ou de publier des liens "pourris" sur mes commentaires.

Vous l'aurez compris l'analyse de fichiers logs, ce n'est pas le mieux pour mesurer la fréquentation de vrais internautes sur votre site mais c'est d'une grande utilité pour des problématiques techniques / sécurité.

Les outils de Web Analytics

Si vous voulez mesurer la fréquentation de votre blog de près et de manière fine, vous devez installer en bas de chaque page de votre blog un marqueur (tag) statistique. Il s'agit d'un bout de code HTML (code javascript) qui ressemble à cela :

```
<script type="text/javascript">
var _gaq = _gaq || [];
_gaq.push(['_setAccount', 'UA-XXXX-XX']);
_gaq.push(['_trackPageview']);
</script>
```

Sous WordPress, il suffit d'ajouter le tag dans votre fichier footer.php avant la balise fermante </body>. Pour éditer ce fichier, allez dans Apparences > Éditeur, cliquez sur votre thème, et sélectionnez le fichier footer.php (chaque thème en a un).

Le fait que ce soit en bas de page et un code javascript vous assure que seuls des navigateurs de vrais internautes y auront accès (les robots des moteurs de recherche ne lisent pas le javascript) et que la page aura été totalement chargée dans le navigateur (vraie consultation).

Plusieurs outils gratuits de Web Analytics existent :

- Google Analytics est le plus complet.
- Piwik est open source et peut s'installer sur votre propre base de données hébergée (attention à ne pas dépasser la limite fixée par votre hébergeur).
- Xiti est l'outil gratuit made in France d'AT Internet.
- Privilégiez-en un seul pour éviter de ralentir le temps de chargement de vos pages. Grâce à l'un de ces 3 outils, vous saurez répondre à ces questions :
- Combien de visites et pages vues génère mon blog chaque jour ?
- Quels sont mes articles les plus consultés ?
- Comment les internautes arrivent sur mes pages ?

Les outils pour mesurer vos mots-clés

Il y a encore un an, un outil de Web Analytics était suffisant pour connaître les mots-clés tapés dans les moteurs de recherche qui génèrent du trafic sur votre site.

Puis Google a décidé de tout masquer pour vendre plus d'AdWords en appliquant unilatéralement le protocole https à l'ensemble de ses pages de recherche.

Je vous invite donc à ajouter un code de suivi Webmaster tools et Bing Webmaster Tools pour avoir une vision fidèle des mots-clés qui vous apportent du trafic et des positions de vos pages associées sur Google, Bing, Yahoo (on aura l'occasion de revoir ça plus en détail dans le chapitre 14).

À retenir

Voici une liste des principaux outils que j'utilise pour mesurer la fréquentation de mon blog, qualifier mon audience et comparer mes données :

- AWStats : Hits, bande passante.
- Google Analytics : Visites, visiteurs, pages vues, provenance, pages les plus consultées.
- Google Webmaster Tools : Mots-clés, nombre d'affichages, pages indexées.
- Facebook Insights : Age, Sexe, Lieu.
- Google AdWords : popularité mots-clés, audience des sites.

Aller plus loin

Toutes ces données riches sur votre audience ont peu d'intérêt si vous ne pouvez les rapporter / comparer à des métriques existantes moyennes ou issues d'autres sites / blogs. C'est quoi le taux de rebond moyen d'un site ? Le pourcentage de connexions mobile ? Combien de visites fait le 1er blog mode en France ?

Voici quelques articles et classements pour donner un peu de relief à vos audiences :

- Classement des Blogs francophones les plus visités au monde **http://jbv.ovh/bb-35**
- Les données analytics de Wikipédia **http://jbv.ovh/bb-36**
- Les chiffres de fréquentation OJD **http://jbv.ovh/bb-37**
- Les chiffres de fréquentation Médiamétrie eStat **http://jbv.ovh/bb-38**
- Stat Counter Global Stats **http://jbv.ovh/bb-39**
- Les baromètres Xiti ATInternet **http://jbv.ovh/bb-40**

12- ÉCRIRE DES ARTICLES DE QUALITÉ

Mieux vaut moins, mais mieux.

Le succès d'un blog a toujours pour origine un article fondateur qui réussit la prouesse d'être lu quotidiennement dans le temps par des centaines de lecteurs différents.

On ne peut pas réellement maîtriser le succès ou l'échec d'un article. Aucun blogueur ne peut forcer ses lecteurs à lire son dernier billet. Quels que soient la qualité de l'article et le niveau d'influence du blogueur, c'est toujours le public qui décide s'il a envie de se faire surprendre, d'apprendre, ou de s'amuser.

Ce chapitre n'a pas la prétention de vous donner les recettes miracles qui transformeront à coup sûr chacun de vos articles en succès d'audience, mais il vous donnera au moins des recettes de base (inspirés de mes propres expériences) pour rédiger de bons articles qui seront vus, lus, partagés et commentés.

Les ingrédients d'un bon article de blog

Un bon article de blog, c'est un article où le lecteur trouve son compte en termes de contenu. En général, quand je lis un article de blog, j'ai envie d'apprendre quelque chose de nouveau, d'avoir des réponses à mes questions sur un ou plusieurs sujets bien précis, d'avoir un vrai retour d'expérience du blogueur (c'est bien ou pas ce dont tu me parles et pourquoi).

Si c'est un test de produit, je veux des images, des vidéos, des bons plans pour trouver le produit au meilleur prix et un comparatif qui s'appuiera sur l'expertise (d'où l'importance d'avoir une page à propos) ou le travail de curation du blogueur.

Apprendre quelque chose de nouveau

Trop souvent pendant ma veille technologique, je tombe sur des articles de blog où le blogueur reprend une dépêche qu'il a lue sur un site américain, il se contente de traduire avec ses mots ce qu'il a en compris sans apporter de plus-value.

Si vous n'apportez rien de plus que l'article original et que celui-ci est bon, ne perdez pas votre temps à écrire un texte sur cet article, partagez-le tel quel sur les réseaux sociaux !

En revanche, si vous sentez que sur un sujet qui fait l'actualité sur votre thématique de blog, vous pouvez apporter un réel plus grâce à votre expertise, lancez-vous !

Apporter une réponse à une question

Les blogs sont les espaces privilégiés pour apporter des réponses structurées à toutes les questions que se posent les internautes. Sur un forum, on ne peut pas vraiment étayer une réponse complète.

Bien souvent les posts de forums se contentent d'ailleurs de pointer sur des posts de blogs quand il s'agit d'apporter une vraie réponse à l'internaute.

Si vous sentez que vous pouvez aider des milliers d'internautes à résoudre leurs problèmes et que personne n'apporte sur Internet une réponse pleinement satisfaisante, lancez-vous dans la rédaction d'un tutoriel ! Vous recevrez des centaines de visiteurs tous les jours et des pluies de merci ;-)

347 commentaires pour "SUPER, pour convertir toutes vos vidéos dans tous les formats"

1. **thebloom a dit :**
   le 21/10/06 à 10:25 am

   Bonjour et merci pour ce super tuto sur Super lol !!
   J'ai mis le lien sur mon blog, tellement il est bien fait !
   Bravo !

Figure 12-1 : commentaire de remerciement

Avoir un avis objectif et motivé

On attend aussi d'un blogueur qu'il se mouille, qu'il explique pourquoi tel produit est mieux que tel autre, en toute objectivité (posts sponsorisés à proscrire).

L'internaute au moment de prendre une décision aime bien lire des avis tranchés. Cela ne vous empêche pas d'inviter vos lecteurs à réagir à vos choix et à expliquer les leurs pour fournir l'article le plus complet à l'internaute.

Votre avis compte autant que le miens

Si vous avez un autre **logiciel de montage vidéo** qui vous tient à coeur... Comme c'est le cas pour moi et Avid Studio (Pinnacle Studio 16 Ultimate). N'hésitez pas à nous le présenter dans les commentaires. Dites-nous pourquoi selon vous c'est le meilleur et quel matos (Windows, Linux, Mac, nom du PC) vous avez.

Figure 12-2 : invitation à commenter en fin d'article

Bénéfice immédiat : votre article s'enrichit de dizaines de commentaires pertinents qui l'aideront à se classer dans les moteurs de recherche sur plus de demandes ;-)

113 commentaires pour "Meilleur logiciel de montage vidéo sur PC en 2012"

1. **madmike a dit :**
le 23/09/12 à 7:39 pm

As-tu testé le logieicle Edius ?

2. **J P C a dit :**
le 24/09/12 à 5:40 pm

Bjr jeanviet.
Pas mal résumé, mais toujours la même question ! que choisir ?
J'ai actuellement Studio AV 9, et je voudrais passer au dessus.

Figure 12-3 : 113 commentaires sur cet article

Avoir des tests, images, vidéos

Un article de blog sera d'autant plus riche si pouvez y intégrer vos propres médias : images, captures d'écran, vidéos. Un article bien documenté sera mieux lu et plus partagé.

Faire connaître son article de blog auprès du plus grand nombre

Vous venez de rédiger un article de blog de qualité et vous voulez maintenant qu'il soit vu ! Ne cherchez pas à tout prix à spammer votre super article à la terre entière après publication et ne désespérez pas si après 1 mois votre article n'a toujours pas été lu par plus de 100 visiteurs.

Les vrais succès d'audience se déclenchent quand votre audience est réceptive, ils sont progressifs et se maintiennent dans le temps. Voyons tout de même quelques trucs indispensables pour donner le plus de chance à votre article de percer !

Choisissez un bon titre

Le titre, c'est le packaging de votre article. On peut avoir le meilleur produit et "mal le vendre" si on n'a pas soigné son emballage. Comme plus de 50 % de l'audience d'un site vient des moteurs de recherche ("lieu de vente" principal), il faut bien sûr privilégier un titre optimisé pour les recherches des internautes.

Comme les recherches Web sont pas mal orientées par l'auto-complétion de Google (fig. 12-4), c'est une bonne idée de prendre les mots-clés principaux de votre article et de voir ce que les internautes cherchent autour (je vous recommande d'utiliser l'outil Uber Suggest).

Figure 12-4 : auto-complétion dans la recherche google

Quelques trucs qui marchent à tous les coups :

- les internautes cherchent à l'infinitif ("écrire" et pas "écrivez"),

- au singulier (un "bon article" et pas de "bons articles"),

- ils cherchent les bons plans (utilisez gratuit, pas cher, ou tous les superlatifs meilleur, bon, le plus… ça aide bien)

Soignez votre accroche

Par accroche, j'entends le petit paragraphe introductif (ou chapeau) à placer en début d'article pour donner au lecteur l'envie de lire.

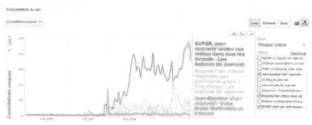

Figure 12-5 : image et chapeau du post "Comment écrire des articles de qualité ?"

Accompagnez-la d'une belle image représentative (ici : suivi d'audience de 2 articles fortement lus à la création de mon blog), essayez brièvement de poser la problématique (ici : un bon article = un lecteur surpris, ou qui apprend, ou qui s'amuse) et le contexte (ici : le succès d'un blog repose sur de bons articles).

Ces petits efforts ont bien sûr des intérêts immédiats, ne les négligez pas.

L'accroche est reprise au niveau du listing de vos articles sur la page d'accueil. À ce propos, ne diffusez pas vos articles intégraux en page d'accueil ! Cela générerait du contenu dupliqué qui pourrait pénaliser le bon référencement de vos articles.

Figure 12-6 : Accroche reprise sur l'accueil du blog

Une partie de l'accroche sera reprise dans les résultats de recherche.

Figure 12-7 : accroche reprise dans les résultats de recherche

Et sur les réseaux sociaux (avec la belle image).

Figure 12-8 : accroche reprise sur Facebook

Publiez votre article au bon moment

Certaines périodes sont plus propices que d'autres pour lire votre merveilleux article. Il faut donc s'assurer que votre article sera publié bien avant la période propice pour laisser le temps aux moteurs de recherche de l'indexer.

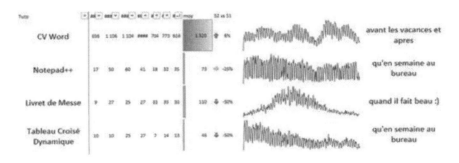

Figure 12-9 : périodes les plus propices par sujets

Si vous traitez de la thématique du mariage sur votre blog, vous pouvez dormir tranquille l'hiver, il y a beaucoup moins de demandes. Commencez à rédiger et à publier tranquillement vos articles entre janvier et février et de mars à septembre, vous verrez leurs audiences décoller (je vous recommande d'utiliser l'outil Google trends pour suivre toutes ces tendances).

Partagez-le aussi au bon moment

Si vous avez réussi à construire une petite communauté autour de votre blog qui vous suit sur Twitter, Google+, ou Facebook, informez-les aussi au bon moment de la disponibilité de votre nouvel article :

- Si c'est une astuce bureautique, un partage en début de

semaine aux heures de bureau maximisera vos chances d'être vu.

- Si on parle jeu vidéo, en semaine après 18 heures ou le week-end seront des périodes plus propices pour toucher les gamers.

- Si on parle cuisine, le samedi ou le dimanche quand on reçoit à 11 heures (déjeuner) ou à 17 heures (dîner).

Comment s'assurer que mon article sera lu ?

Vous pouvez écrire le meilleur article de blog du monde, si vous ne faites pas d'effort sur la mise en forme, il peut très bien ne jamais être lu.

Nous avons vu dans le chapitre 7 l'importance d'avoir un contenu lisible qui respecte ces quelques règles de bon sens :

- Une taille de police > 12 px.

- On lit mieux sur un fond blanc avec une police de caractère noire.

- Il ne faut pas que l'on compte plus de 100 caractères par ligne pour préserver un confort de lecture optimal.

On va encore aller un cran plus loin s'agissant des règles à appliquer pour assurer une lecture efficace de votre article. Car **sur internet, on ne lit pas un article on le balaie du regard** !

Jakob Nielsen, le pape de l'ergonomie Web, nous donnait déjà il y a 17 ans les grands principes de la lecture Web dans sa newsletter bimensuelle AlertBox.

Les pages Web doivent selon lui utiliser du texte qu'on peut balayer du regard, ceci est rendu possible grâce à :

- des mots-clés mis en relief (liens, mise en gras, couleur),
- des sous-titres parlants (pas ceux où il faut réfléchir),
- des listes à puces avec une idée par paragraphe,
- un style en pyramide inversée (on commence par la conclusion, utilité de l'accroche).

Les études d'Eye Tracking de Yahoo! confirment totalement les conclusions des tests utilisateurs de Jakob Nielsen en rajoutant que la présence d'images est importante (moins présentes en 1997 avec le bas débit).

Structurez votre article avec des sous-titres

Vous devez donc structurer vos articles avec des sous-titres (balises sémantiques H2, H3 en HTML). Le titre principal de votre article utilise la balise H1 par défaut.

Si votre article est long et riche, il peut être aussi très utile de rajouter en début d'article un sommaire avec des ancres qui permettent au lecteur d'arriver directement sur la partie qui l'intéresse.

Paragraphes courts

C'est mieux aussi d'espacer vos paragraphes, de n'avoir qu'une idée forte par paragraphe et de faire en sorte que cela tienne sur trois ou quatre lignes avec 100 caractères maximum par ligne. C'est plus confortable pour une lecture rapide.

Mise en relief des idées importantes

Abusez sur les idées fortes des mises en gras pour que celles-ci soient tout de suite visibles en mode balayage visuel. Et quand vous faites référence à une idée lue sur un autre site ou blog, pointez là avec un lien : ça vous permet d'aller à l'essentiel, de laisser la possibilité aux lecteurs qui veulent approfondir le sujet de le faire en cliquant sur le lien et d'apporter du crédit à votre propos.

Gardez un langage simple et universel

Si vous bloguez des sujets très pointus, vous risquez de passer à côté de beaucoup d'utilisateurs et de réserver vos articles à un public de spécialistes, alors que votre article pourrait également intéresser un public plus large.

Donc, soyez prudents au niveau des termes que vous utilisez. Plutôt que de titrer un article : «Tethering avec Android» il serait plus sage de titrer «Tethering Android : partager ma connexion internet de mon Samsung sur mon PC". Comme ça vous êtes compris à la fois par les initiés et les non-initiés.

N'oubliez pas non plus qu'on lit le français aux quatre coins du globe. Il vaut donc mieux éviter toute référence à des problématiques franco-françaises, à moins bien sûr que vous teniez un blog politique.

Comment inciter au partage et au commentaire ?

Pour qu'un bon article soit partagé ou commenté, il est très important de s'adresser au lecteur en fin d'article. Il est très facile d'ajouter automatiquement des boutons de partage Facebook, Twitter, Google+ (les 3 grands réseaux sociaux) en fin d'article avec un petit texte d'incitation au partage.

Concernant les commentaires, ça vient assez naturellement quand les internautes ont un problème en lien avec votre post ("comment tu fais exactement pour faire ça sur WordPress ?"), quand votre article résout tout ou partie de leur problème ("merci"), ou quand vous leur demandez leur avis (faut-il encore prendre le temps de l'exprimer).

À retenir

Pour écrire un article de qualité, il faut aussi bien soigner le contenu que la forme. Le timing de publication de votre article a aussi son importance, puisqu'on s'intéresse à des choses différentes selon l'heure du jour et le mois de l'année.

Voici une check-list des éléments de votre article à soigner :

- titre,
- sous-titres,
- accroche,
- paragraphes courts et images,
- mise en gras des phrases importantes.

Aller plus loin

Quelques outils et lectures complémentaires pour vous aider à rédiger des articles de qualité :

- How users read on the Web (Jakob Nielsen) **http://jbv.ovh/bb-41**
- Google tendances de recherche : **https://www.google.fr/trends/**
- Uber Suggest : **http://ubersuggest.org/**

13- COMMENT CRÉER UNE COMMUNAUTÉ ?

Les médias traditionnels envoient des messages, les blogs démarrent des conversations.
Loïc Le Meur

Un article de blog n'a de valeur que s'il fait réagir le lecteur. Les réactions se matérialisent par des commentaires, les commentaires entraînent des discussions, les discussions créent des communautés !

Le lecteur se retrouve ainsi au centre de votre article. Grâce à son intervention dans les commentaires, le lecteur va élever le débat, enrichir votre article, encourager d'autres lecteurs à participer à l'échange… C'est vraiment une très belle mécanique qui va se mettre en place.

Grâce aux commentaires, votre article vit et évolue ! Voyons quels plugins et options vous devez activer sur WordPress pour faciliter les échanges entre vous et vos lecteurs.

Gardez le système de commentaire WordPress original

Le mode de commentaire natif à WordPress est assez rudimentaire je vous l'accorde : un nom, un mail, un site Web et un message à renseigner.

Je l'ai testé sur Jeanviet.info pendant des années et je peux vous dire que c'est le moyen le plus efficace pour collecter des réactions. J'ai testé en parallèle d'autres solutions sur BlogBuster comme Disqus, Facebook comments, JetPack de WordPress.

Ces solutions tierces sont pour moi des usines à gaz qui dégradent le temps d'affichage de votre article (javascript volumineux + scripts externes à charger) et qui freinent les lecteurs à commenter dès lors qu'on les invite à s'authentifier avec leur compte Facebook, Twitter, Google+.

En France, on est attaché à son anonymat ! Si vous gagnez trois lecteurs qui seront OK pour partager leurs commentaires sur Facebook, Twitter et Google+, vous allez en perdre 30 qui n'auraient accepté de commenter que de façon anonyme.

Pour vous en convaincre, pensez à une présentation en public où seulement une ou deux personnes osent prendre le micro pour poser leur question au présentateur à la fin alors qu'une trentaine de personnes avaient préparé une ou deux questions.

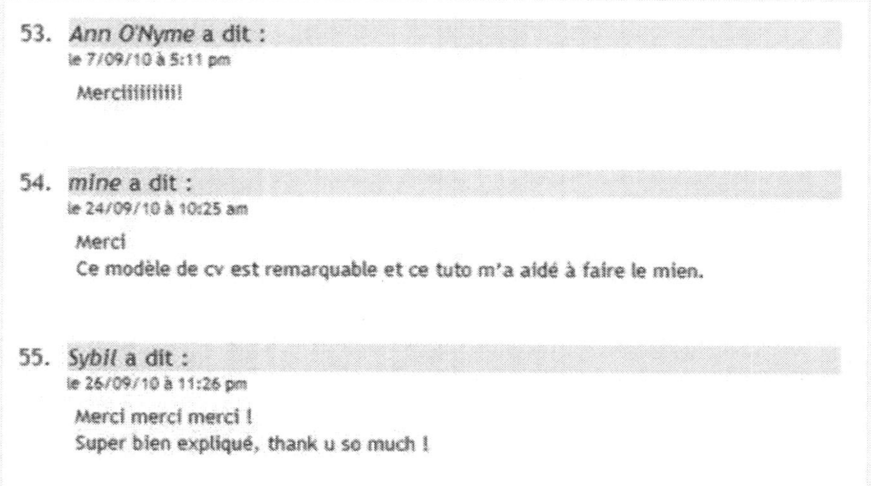

53. Ann O'Nyme a dit :
le 7/09/10 à 5:11 pm
Merciiiiiiiii!
54. mine a dit :
le 24/09/10 à 10:25 am
Merci
Ce modèle de cv est remarquable et ce tuto m'a aidé à faire le mien.
55. Sybil a dit :
le 26/09/10 à 11:26 pm
Merci merci merci !
Super bien expliqué, thank u so much !

Figure 13-1 : système de commentaires natif à WordPress

Avec le système de commentaire natif à WordPress, vous maximisez les commentaires. Et les boutons Facebook / Twitter vous permettent aussi d'augmenter les partages. Mais de grâce, ne mélangez pas les deux en utilisant du Facebook comments ! Vous risqueriez de perdre sur les deux tableaux.

Exemple d'un article qui gagne sur les deux tableaux : 70 partages Facebook + 110 commentaires

Partagez-le sur :
Like 72
Tweeter 1
+1 1
110 commentaires pour "Modèle de CV : Réaliser un CV soigné sous Word 2007"

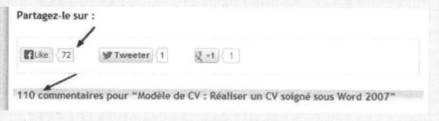

Figure 13-2 : partage facebook et commentaires

Activez Akismet pour éviter les spams

Dès lors qu'on ouvre les commentaires, on s'expose aussi au spam ! Des messages en anglais, russes, chinois non sollicités et générés par des scripts automatiques vous allez en recevoir tous les jours sur vos articles !

Pourquoi font-ils ça ? Pour tromper les moteurs de recherche ! Les spammeurs espèrent que leurs liens s'afficheront dans vos commentaires et que Google les suivra pour positionner leurs pages en tête des résultats de recherche. Pour ne plus être embêté, il suffit d'activer Akismet sur votre blog. Demandez une clé d'activation gratuite ici : **akismet.com**.

Modérez vos commentaires a posteriori et répondez-y

Quand je commente sur d'autres blogs, s'il y a bien une chose qui m'énerve c'est de devoir attendre la validation du blogueur avant que ma prose soit publiée. Quand je poste un commentaire sur un blog, je veux voir le résultat immédiatement et vos lecteurs aussi !

Options de discussion

Réglages par défaut des articles	☑ Tenter de notifier les blogs liés depuis le contenu des articles
	☐ Autoriser les liens de notifications depuis les autres blogs (notifications p
	☑ Autoriser les visiteurs à publier des commentaires sur les derniers article
	(Ces réglages peuvent être modifiés pour chaque article.)
Autres réglages des commentaires	☑ L'auteur d'un commentaire doit renseigner son nom et son adresse de m
	☐ Un utilisateur doit être enregistré et connecté pour publier des commentai
	☐ Fermer automatiquement les commentaires pour les articles vieux de plu
	☐ Activer les commentaires imbriqués jusqu'à 5 ▾ niveaux
	☐ Diviser les commentaires en pages, avec 50 ⬍ commentaires de p
	Les commentaires doivent être affichés avec le plus : ancien ▾ en premie
M'envoyer un message lorsque	☑ Un nouveau commentaire est publié
	☑ Un commentaire est en attente de modération
Avant la publication d'un commentaire	☐ Un administrateur doit toujours approuver le commentaire
	☐ L'auteur d'un commentaire doit avoir déjà au moins un commentaire appr
Modération de commentaires	Garder un commentaire dans la file d'attente s'il contient plus de 1 ⬍
	nombre important de liens)

Figure 13-3 : options de discussion WordPress

Assurez-vous donc que dans Réglages > Discussion, les options suivantes sont bien cochées ou décochées :

- Autoriser les visiteurs à publier un commentaire : cochée.
- L'auteur d'un commentaire doit renseigner son nom et son email : cochée.
- M'envoyer un message à chaque nouveau commentaire : cochée.
- M'envoyer un message quand un commentaire est en attente de modération : cochée.
- Un administrateur doit toujours approuver le commentaire : décochée.
- L'auteur doit avoir au moins un commentaire : décochée.

Ainsi chacun de vos lecteurs peut publier sans votre autorisation un commentaire sur votre blog (sauf les spammeurs qui seront bloqués par Akismet), vous en êtes informé par email, vous pouvez alors réagir très vite pour apporter une réponse au lecteur ou modérer le commentaire a posteriori si un lecteur perdu s'amusait à vous insulter gratuitement (ce genre de cas extrême peut arriver).

Figure 13-4 : réponse à un commentaire en moins d'1 heure

Je vous encourage vivement à répondre systématiquement et le plus rapidement possible aux questions que vos lecteurs vous posent dans les commentaires.

Vos autres lecteurs le voient et ça les incite à leur tour à oser poser une question. Ils savent ainsi qu'on les lira et qu'on leur répondra.

Mettez en avant les commentaires de vos lecteurs

Vos lecteurs ne sont pas censés savoir que vous recevez automatiquement tous leurs commentaires dans votre boîte mail. Alors il faut leur donner quelques garanties de bonne visibilité.

Un petit widget affichant sur l'ensemble de vos pages les derniers commentaires publiés sur votre blog, c'est déjà une très belle mise en avant. Le plugin Better WordPress comments permet de faire ça bien.

Figure 13-5 : plugin Better WordPress comments

Ensuite pour que certains profils se dégagent dans les commentaires, je vous recommande d'utiliser Gravatar. Ce service vous permet notamment d'afficher les photos de vos commentateurs si ceux-ci ont fait la démarche d'associer leur email à leur photo sur le site Gravatar.

Avec Gravatar, vous ferez plaisir à ceux qui aiment poser des questions au micro dans les plénières et Wavatar (à activer) affichera un petit visage anonyme au reste de la masse.

Permettez aux lecteurs de s'abonner aux commentaires

La 2e grosse frustration du lecteur / commentateur c'est de ne pas savoir quand quelqu'un apportera une réponse à sa question dans les commentaires. Grâce au plugin Subscribe to Comments Reloaded, il est possible d'inviter les commentateurs à s'abonner par email aux nouveaux commentaires en cochant une case.

J'utilise ce plugin depuis très longtemps sur Jeanviet.info et j'en suis pleinement satisfait ! Ça me permet même d'être moins réactif puisque grâce à ce plugin les lecteurs peuvent échanger entre eux dans les commentaires. Je vous invite à analyser ces 2 posts à plus de 100 commentaires :

- JPC, Levosgien, Neolita, RSINFO ont transformé mon post sur les meilleurs logiciels de montage vidéo (**http://jbv.ovh/bb-42**) en véritable forum autour des logiciels de montage grâce à Subscribe to comments.

- Sur mon tutoriel Notepad++ (**http://jbv.ovh/bb-43**), j'ai la chance d'avoir Greg expert en expressions régulières qui depuis 2 ans répond à ma place à tous les commentaires. ;-)

À retenir

Pour créer une communauté à partir d'un blog WordPress, il faut tout faire pour que vos lecteurs soient encouragés à commenter vos articles, ceci passe par :

- la conservation du système de commentaire natif à WordPress,
- la modération des commentaires a posteriori,
- la mise en avant des commentaires de vos lecteurs,
- la mise en place de l'abonnement par email aux commentaires.

Aller plus loin

Voici quelques outils et plugins WordPress que je vous recommande d'installer ou d'activer pour gérer la communauté de votre blog :

- Akismet
- Better WordPress comments
- Gravatar
- Subscribe to Comments Reloaded

14- COMMENT BIEN RÉFÉRENCER UN BLOG WORDPRESS SUR GOOGLE ?

Le meilleur endroit pour cacher un cadavre est la page 2 des résultats de Google

Depuis fin 2008, Google met à disposition des internautes un guide (SEO starter guide) pour bien démarrer son référencement naturel. Mis à jour fin 2010 et traduit en plus de 40 langues, ce guide de 30 pages représente la base officielle pour donner toutes les chances aux pages de votre site de bien se positionner dans Google.

Référencement naturel, référencement payant : c'est quoi ça ?

Référencement naturel : Toutes les techniques qui permettent d'optimiser des pages Web pour qu'elles soient indexées et bien positionnées dans les résultats naturels des moteurs de recherche. On parle aussi souvent de SEO (search engine optimization) : Optimisation pour les moteurs de recherche. Tout ce qui est naturel est gratuit.

Référencement payant : achat de liens sponsorisés dans les résultats publicitaires des moteurs de recherche. On parle aussi souvent de SEM (search engine marketing) ou de SEA (search engine advertising). Tout ce qui est publicitaire se paye. Vous n'achetez que si votre annonce génère un clic.

Je vous propose dans ce chapitre de voir comment adapter votre blog WordPress aux recommandations délivrées par Google.

Prérequis pour bien référencer un blog WordPress

Avant de démarrer les chantiers d'optimisation de vos pages pour le référencement naturel Google, je vous recommande d'installer et de configurer ces 3 outils gratuits :

- **YOAST** : plugin WordPress le plus complet pour optimiser son blog pour le référencement naturel (je solliciterai souvent ce plugin pour faire mes réglages).
- **Webmaster Tools** : outil de Google indispensable pour contrôler l'indexation de votre site.
- **Google Analytics** : outil pour mesurer le trafic de vos pages (j'en ai parlé dans le chapitre 11).

Vous aurez accès ensuite à des tas de statistiques sympathiques sur l'exploration Google de votre site et pourrez gérer un certain nombre de choses.

Requête	Impressions	Clics ▲	Position moy.
☆ comment google gagne de l'argent	52	27	1,2
☆ article sponsorisé	119	22	2,4
☆ blogbuster	551	19	3,6
☆ quel blog choisir	151	16	4,3
☆ classement des blogs	66	15	4,3
☆ articles sponsorisés	58	14	2,7
☆ pourquoi créer un blog	52	14	4,7

Figure 14-1 : vue Webmaster Tools > Trafic de recherche > Requêtes

Par exemple, je vois ci-dessus que BlogBuster.fr apparaît à la recherche "quel blog choisir" (grâce à cet article **http://jbv.ovh/bb-44**) en position #4 sur Google (recherche naturelle sans tenir compte des liens sponsorisés) et est cliqué 16 fois sur 151 (11 % de taux de clic).

Optimiser les titres et descriptifs de vos articles

Ce que dit Google

La balise <title> vous permet d'attribuer un titre à vos pages et ainsi d'indiquer aux utilisateurs et aux moteurs de recherche le thème d'une page donnée. Si votre document figure dans une page de résultats de recherche, le contenu de la balise <title> apparaît en général dans la première ligne des résultats.

Les mots contenus dans le titre s'affichent en gras lorsqu'ils correspondent à la recherche de l'utilisateur. Cela lui permet de

reconnaître en un clin d'œil si la page est pertinente pour sa recherche. La balise meta description d'une page fournit à Google et aux autres moteurs de recherche un résumé du contenu de la page.

Les réglages que vous devez faire sur WordPress

Si le thème de votre blog est bien conçu, normalement la balise Title de vos articles est construite ainsi : le titre de l'article (principal) apparaît avant le titre de votre blog (secondaire)

<Titre de l'Article> <séparateur> <Titre du Blog>

L'ordre des mots à son importance pour l'internaute et pour l'algorithme des moteurs de recherche. Comme on lit de gauche à droite, les mots les plus importants doivent logiquement se trouver en début de titre.

Figure 14-2 : plugin Yoast SEO

Si cet ordre est respecté, vous n'avez donc plus qu'à vous concentrer sur la rédaction d'un titre d'article pertinent.

Avec YOAST, vous pouvez aller plus loin en définissant les titres et descriptifs (Dans Yoast -> Titres et Méta) de votre accueil, pages catégories, pages tags...

Figure 14-3 : Yoast titres et métas

Dans l'exemple ci-dessus, j'ai fait en sorte grâce aux %%variables%% que toutes mes pages catégories aient ce format :

- Pour la balise title : <Nom de la catégorie> : Livre et Tuto – BlogBuster.fr
- Pour le descriptif : Conseils, tutoriels, livres à découvrir gratuitement sur BlogBuster.fr pour en savoir plus sur : <Nom de la catégorie>

Ainsi je positionnerai mes catégories sur Google aussi sur des recherches associées à tuto et livre.

Construire des URL réécrites simples et pertinentes

Ce que dit Google

Certains utilisateurs peuvent également établir un lien vers votre page en utilisant l'URL de la page en question comme texte ancré du lien.

Lorsque votre URL contient des mots pertinents, elle fournit aux utilisateurs et aux moteurs de recherche plus d'informations sur la page que lorsqu'elle est composée d'un ID ou d'un paramètre portant un nom étrange.

Enfin, rappelez-vous que l'URL renvoyant vers un document s'affiche dans les résultats de recherche de Google, au-dessous du titre et de l'extrait du document.

Tout comme le titre et l'extrait, le texte de l'URL s'affiche en gras lorsqu'il apparaît dans les résultats de recherche de l'utilisateur.

Les réglages que vous devez faire sur WordPress

Il faut que vous mettiez en place la réécriture d'URL sur votre blog WordPress. Ceci se passe dans Réglages > Permaliens. Choisissez cette structure personnalisée simple :

- /%category%/%postname%.htm (nom de la catégorie, puis titre de l'article).
- /%postname%.htm (ou juste le titre de l'article, structure préférable si vous changez plus tard la catégorie de l'article).

Valeur par défaut	http://blogbuster.fr/?p=123
Date et titre	http://blogbuster.fr/2013/10/27/exemple-article/
Mois et titre	http://blogbuster.fr/2013/10/exemple-article/
Numérique	http://blogbuster.fr/archives/123
Nom de l'article	http://blogbuster.fr/exemple-article/
Structure personnalisée	/%category%/%postname%.htm

Figure 14-4 : réécriture d'URL

Pour éviter aussi d'avoir le préfixe /category/ avant le nom de la catégorie, mettez un "." comme ceci ici :

Figure 14-5 : suppression du préfixe /category/

Maintenant mes catégories et mes articles ont de belles URL :

- http://blogbuster.fr/seo/
- http://blogbuster.fr/seo/bien-referencer-un-blog-wordpress-sur-Google-plugins-et-reglages.html

141

Si quelqu'un les partage sur un blog ou un forum telles quelles et que l'outil de publication les rend cliquables, ça m'aidera pour le positionnement Google de ma catégorie et de mon article.

Structurer les articles par rubriques et mots-clés

Ce que dit Google

La navigation sur un site Web est importante et doit permettre aux visiteurs du site de trouver facilement le contenu recherché.

Elle permet également aux moteurs de recherche de saisir l'importance que le Webmaster accorde aux différents contenus de son site.

Un fil d'Ariane est une ligne horizontale de liens internes en haut ou en bas d'une page. Ils permettent aux visiteurs de revenir sur leur pas, sur la section précédente ou en page d'accueil.

Les réglages que vous devez faire sur WordPress

Je vous invite à structurer vos articles par tags et catégories. Dès que vous avez au moins 3 articles que vous pouvez rattacher à une même catégorie discriminante ou à un tag, créez ce tag ou cette catégorie.

Vos rubriques et nuages de tags étant accessibles sur l'ensemble de vos pages de blogs, ça facilitera à Google le travail d'exploration et de thématisation.

Concernant le fil d'ariane, on peut gérer ça avec le plugin Yoast. Allez dans SEO > Liens Internes et activez le fil d'ariane comme ceci :

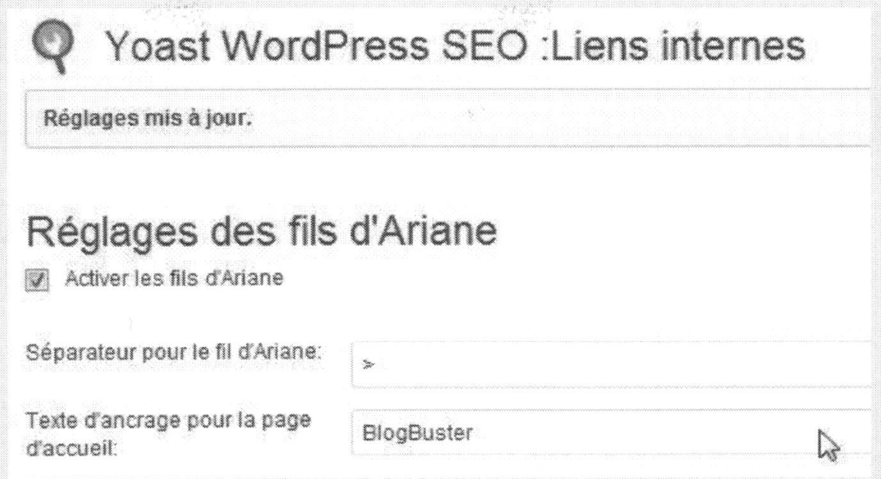

Figure 14-6 : fil d'Ariane Yoast

Il suffit ensuite de copier-coller ce texte aux bons endroits dans les fichiers single.php (article) et archive.php (catégorie et tag) :

```
<?php    if    (    function_exists('yoast_breadcrumb')    )    {
yoast_breadcrumb('<p id="breadcrumbs">','</p>'); } ?>
```

Illustration sur mon fichier single.php

```
Parchment Theme: Single Post (single.php)

<?php get_header(); include("1sidebar.php"); ?>
<!-- BEGIN content -->
<div id="content">
<?php if ( function_exists('yoast_breadcrumb') ) {
yoast_breadcrumb('<p id="breadcrumbs">','</p>');
} ?>
```

Créer un plan de site HTML et XML

Ce que dit Google

Un sitemap (ou plan de site) est une simple page de votre site affichant la structure de votre site Web. Il correspond en général à une liste hiérarchique des pages de votre site.

Les visiteurs peuvent visiter cette page lorsqu'ils rencontrent des difficultés à trouver des pages de votre site. Un fichier Sitemap XML correspond à un fichier que vous envoyez via les Outils Google pour les Webmasters afin de permettre à Google de découvrir et d'explorer les différentes pages de votre site.

Les réglages que vous devez faire sur WordPress

Concernant le sitemap HTML, la création de catégories devrait être suffisante pour bien guider les utilisateurs et les moteurs de recherche.

Pour le sitemap XML, le plugin SEO Yoast vous en crée un d'office dans SEO > Sitemaps XML.

Yoast WordPress SEO :Sitemaps XML

Sitemap XML

☑ Cocher cette case pour activer la fonctionnalité sitemap XML.

Vous pouvez trouver votre fichier sitemap XML ici : (XML Sitemap)

Vous n'avez **pas** besoin de générer le fichier sitemap XML, ni besoin de prendre le temps de le générer à chaque nouvel article.

Figure 14-7 : sitemap XML Yoast

Pour que Google vienne régulièrement indexer vos articles, vous pourrez ajouter celui-ci "post-sitemap.xml" dans Webmaster tools comme ceci :

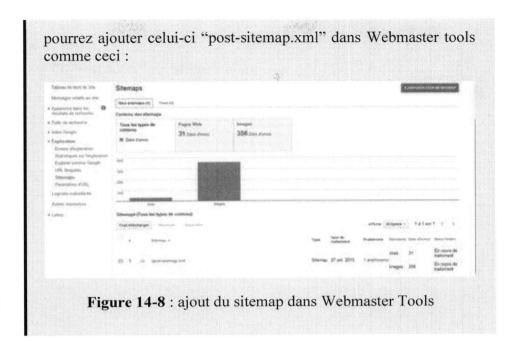

Figure 14-8 : ajout du sitemap dans Webmaster Tools

Surveiller ses pages en erreur et créer une page 404 utile

Ce que dit Google

Les utilisateurs accèdent parfois à des pages inexistantes de votre site, notamment en suivant un lien brisé ou en saisissant une fausse URL.

En proposant une page 404 personnalisée qui redirige les utilisateurs vers une page existante de votre site, vous améliorez la navigation et l'expérience de l'utilisateur sur votre site.

Les réglages que vous devez faire sur WordPress

D'abord je vous invite à aller voir fréquemment dans Webmaster Tools si vous n'avez pas des erreurs d'exploration dans Exploration > Erreurs d'exploration.

	Priorité ▾	URL	Code de réponse	Détectée
☐	1	2013/05/19	404	04/10/13
☐	2	how-to-create-a-blog-from-scratch	404	13/09/13
☐	3	en/all/tutorials	404	01/09/13
☐	4	en/forum/	404	01/09/13
☐	5	en/plugins/	404	08/10/13

Figure 14-9 : erreurs d'exploration dans Webmaster Tools

L'outil est bien utile, il m'a permis de détecter sur un autre site une page qui avait causé une forte baisse de trafic et de corriger.

Si ce sont des erreurs de saisie d'URL de pages existantes que font des sites externes, vous pouvez suivre les conseils de WebRankInfo pour transformer cela en liens utiles via des redirections (**http://jbv.ovh/bb-45**).

Pour les utilisateurs qui font des fautes de saisie, vous pouvez leur proposer la page type 404 Google à ajouter à votre page 404.php WordPress. Voici le code à copier-coller :

```
<script type="text/javascript">
var GOOG_FIXURL_LANG = 'fr';
var  GOOG_FIXURL_SITE  =  'http://www.example.com'
</script> <script type="text/javascript"
    src="http://linkhelp.clients.Google.com/tbproxy/lh/wm/fixUR
L.js"> </script>
```

Changez www.example.com par l'adresse de votre blog.

Créer du contenu de qualité et structuré

Ce que dit Google

Créer du contenu attrayant et utile aura sans doute plus d'impact sur votre site Web que chacun des autres points traités ici.

Meilleures pratiques :

- Rédigez du texte facile à lire

- Organisez votre contenu et délimitez correctement les thèmes traités

- Utilisez des balises d'en tête pour mettre en valeur les parties importantes de votre texte

- Créez du contenu actualisé et unique

- Créez du contenu avant tout pour vos utilisateurs et non pour les moteurs de recherche

Balises d'en tête : H1, H2, H3,... c'est quoi ça ?

H1 : Le langage HTML est composé de balises sémantiques qui sont là pour vous aider à structurer votre article. La balise H1 (titre de niveau 1) doit être utilisée pour le titre de votre article. En général, il est assez proche de la balise Title (le titre du blog à la fin en moins). Comme pour la balise Title, vous ne devez utiliser qu'une seule balise H1 par page.

H2, H3 : Pour structurer le reste de votre article, vous pouvez utiliser des sous-titres de niveau 2 (H2). Et si au sein de ces sous-titres, vous devez encore générer des sous-rubriques vous pouvez imbriquer des titres H3 de niveau 3. Vous pouvez utiliser plusieurs balises H2 et H3 dans une même page.

Les réglages que vous devez faire sur WordPress

Cette partie est la plus importante pour bien référencer vos articles dans Google. J'ai décrit en détail les étapes importantes pour créer un article de qualité dans le chapitre 12.

D'un point de vue technique, vous devez vous assurez que chaque page (que ce soit un article, une catégorie, une page tag, une page d'accueil) a une structuration logique qui utilise des balises sémantiques <H1> (titre), <H2> (sous- titre), <p> (paragraphe).

Les H1 ne sont pas toujours optimisés dans WordPress au niveau des thèmes standards sur les pages accueil, tag et catégorie. Ceci mérite que vous alliez inspecter vos fichiers index.php (utilisé pour la page d'accueil) et archive.php (pages tag et catégorie).

Créer des textes de liens pertinents

Ce que dit Google

Le texte d'ancre d'un lien correspond au texte du lien qui s'affiche pour les utilisateurs et sur lequel ils peuvent cliquer. Ce texte est placé entres les balises d'ancrage <a href="...">/</a>. Ce texte informe l'utilisateur et Google sur le contenu de la page vers laquelle vous établissez le lien.

Les liens sur votre page peuvent être internes, c'est-à-dire pointer vers d'autres pages de votre site, ou externes, c'est-à-dire renvoyer vers du contenu sur d'autres sites.

Dans les deux cas, plus le texte d'ancrage est pertinent, plus il facilitera la navigation des utilisateurs et plus il permettra à Google de saisir le contenu de la page vers laquelle vous établissez le lien.

Les réglages que vous devez faire sur WordPress

Autant que faire se peut, vous devez lier vos pages entre elles avec des textes de liens pertinents. Créer des liens entre vos pages va améliorer considérablement leur positionnement Google. C'est encore mieux si vous les liez avec les bons textes de lien.

Par exemple, si vous voulez positionner la page "Tutoriels pour créer un blog" :

- Ne faites pas ça : cliquez ici pour consulter mes tutoriels pour créer un blog.
- Faites plutôt : consultez mes tutoriels pour créer un blog.

Vous pouvez aussi faire des liens dans une même page, pour faciliter la navigation au sein d'un article en utilisant des ancres #.

Pour créer de façon automatique des liens pertinents entre vos différents articles, je vous invite à installer le plugin YARPP.

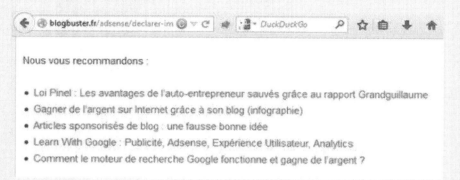

Figure 14-10 : articles liés en fin d'article grâce à YARPP

Ce plugin permettra d'afficher 5 articles liés en fin d'article avec les bons textes de lien (les titres de vos articles).

Décrire les images

Ce que dit Google

L'attribut "alt" vous permet de fournir un texte alternatif pour l'image, au cas où, pour une raison ou une autre, elle ne puisse pas être affichée.

Les réglages que vous devez faire sur WordPress

Quand vous ajoutez une image dans un article vous devez absolument lui attribuer un texte alternatif comme ceci :

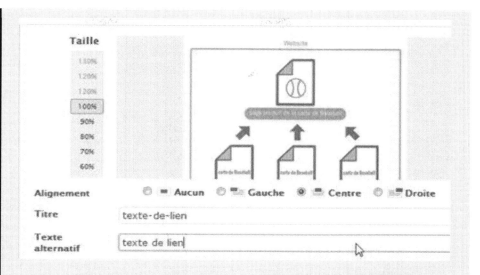

Figure 14-11 : ajout d'un texte alternatif à une image

C'est indispensable pour que les déficients visuels puissent comprendre ce que vous leur affichez et ça aide Google à attribuer un mot-clé à votre image. Indispensable donc pour bien positionner vos images dans Google images.

Comme l'ajout de balise alt est une action manuelle, je vous recommande d'installer le plugin SEO Friendly Images qui permet d'ajouter automatiquement des balises alt à vos images en cas d'oubli à ce format : titre du post, nom de l'image.

Utilité du nofollow et du fichier robots.txt

Ce que dit Google

Vous souhaitez peut-être empêcher l'exploration de certaines pages de votre site, car vous estimez qu'elles ne sont d'aucune utilité pour les utilisateurs lorsqu'elles figurent dans leurs résultats de recherche.

Vous trouverez sur le site des Outils Google pour les Webmasters un générateur de fichier robots.txt facile à utiliser, qui vous permettra de créer un fichier robots.txt afin d'empêcher l'exploration de vos pages par les moteurs de recherche.

En attribuant la valeur "nofollow" à l'élément "rel" d'un lien, vous indiquez à Google de ne pas suivre certains liens de votre site ou de ne pas transmettre la popularité de votre page aux pages vers lesquelles des liens renvoient.

Les réglages que vous devez faire sur WordPress

A priori, vous n'aurez aucun réglage à faire :

- Par défaut, le fichier robots.txt de WordPress bloque l'indexation des fichiers admin et système.
- Par défaut, tous les liens ajoutés dans les commentaires par vos lecteurs et ou des spammeurs sont mis en nofollow.

Promouvoir son blog et ses articles

Ce que dit Google

La plupart des liens externes pointant vers votre site sont acquis au fil du temps, à mesure que les utilisateurs découvrent votre contenu via des recherches ou autre méthode et décident d'établir un lien vers votre contenu.

Chez Google toutefois, nous avons conscience du fait que vous souhaitiez faire connaître votre site à d'autres utilisateurs et présenter le travail que vous avez investi dans l'élaboration de votre contenu.

En promouvant efficacement votre nouveau contenu, vous accélérez sa visibilité auprès des utilisateurs intéressés par son thème. Comme pour la plupart des points abordés dans ce document, une application trop vigoureuse de ces recommandations pourrait nuire à la réputation de votre site.

Les réglages que vous devez faire sur WordPress

Pour obtenir des liens d'autres sites vers votre contenu, il suffit de créer des contenus originaux qui intéressent les internautes et de favoriser leur partage via des boutons Twitter, Facebook, Google+.

Figure 14-12 : suivi des sites qui pointent vers votre site dans Webmaster Tools

Plus vous aurez de liens externes spontanés qui pointent vers vos articles, plus ceux-ci se positionneront bien dans Google. Vous pouvez suivre les sites qui pointent vers vos pages dans Webmaster Tools (fig. 14-12).

À retenir

Voici la check-list des 10 optimisations référencement naturel à mettre en place sur votre blog :

1. Optimiser les titres et descriptifs de vos articles de blog.
2. Construire des URL réécrites simples et pertinentes.
3. Structurer les articles par rubriques et mots-clés.
4. Créer un plan de site HTML et XML.
5. Surveiller ses pages en erreur et créer une page 404 utile.
6. Créer du contenu de qualité et structuré.
7. Créer des textes de liens pertinents.
8. Décrire les images.
9. Laisser les liens des commentaires en nofollow.
10. Optimiser les pages de votre blog pour le mobile (voir chapitre 15).

Aller plus loin

Voici quelques guides, ouvrage, sites que je vous recommande de lire pour optimiser vos articles de blog pour Google :

- Le guide officiel de démarrage SEO de Google : **http://jbv.ovh/bb-46**
- Fonctionnement du moteur de recherche Google : **http://jbv.ovh/bb-47**
- Livre Optimiser Son Référencement WordPress de Daniel Roch : **http://jbv.ovh/bb-48**
- WebRankInfo : **http://www.webrankinfo.com/**
- Abondance : **http://www.abondance.com/actualites/**

15- COMMENT DIFFUSER
SON BLOG
SUR MOBILE ?

Votre application ne sera pas présente sur tous les mobiles, mais tous les mobiles auront un navigateur.

Jason Grigsby

Google a publié en juin 2013 quelques recommandations pour créer des sites Web parfaitement optimisés pour une navigation sur smartphone. Ces conseils visent à offrir la meilleure expérience utilisateur aux mobinautes qui démarrent leur navigation depuis Google.

Il faut s'attendre à ce que très prochainement les sites Web qui ne suivront pas ces bonnes pratiques se verront déclasser dans les résultats de recherche Google mobile.

Pour vous éviter ça, nous allons voir ensemble comment à partir d'un blog nous pouvons créer un site optimisé mobile qui respecte les nouvelles guidelines Google mobile.

Pourquoi c'est important d'avoir un site Web optimisé pour mobile et tablette ?

Tout simplement parce que de plus en plus de personnes se connecteront à votre site Web derrière un mobile ou une tablette. Depuis fin 2010, les ventes de smartphones ont dépassé les ventes de PC. Et bientôt, il se vendra plus de tablettes que de PC.

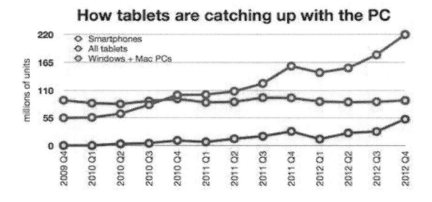

Figure 15-1 : ventes de smartphones, tablettes, PC par trimestre

L'explosion des ventes de smartphones et de tablettes a naturellement des effets sur la fréquentation de votre site. Sur Jeanviet.info, où j'enregistre plusieurs milliers de visiteurs uniques par jour, j'ai en moyenne 11,5 % de connexions mobiles / tablettes.

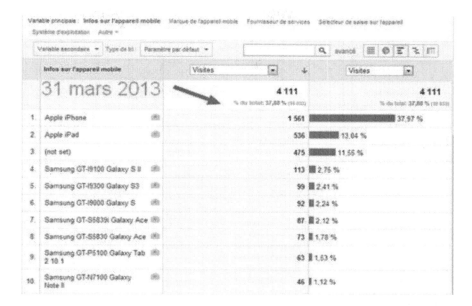

Figure 15-2 : 35 % de connexions mobile le jour du
changement d'heure grâce à mon article horloge parlante

Et certains jours atypiques (14 juillet, changement d'heure le
31 mars) où j'ai de bons positionnements Google sur des
recherches bien senti (feu d'artifice, horloge parlante), j'arrive
même à monter à plus de 35 % de connexions mobiles / tablettes
dans la journée (fig. 15-2) !

Pourquoi c'est important d'être bien référencé sur Google mobile ?

Sur mobile / tablette, on fait légèrement plus de surf Internet
que d'applications. Quand on surfe sur son mobile, dans 95 % des
cas on est amené à poser une question depuis un moteur de
recherche.

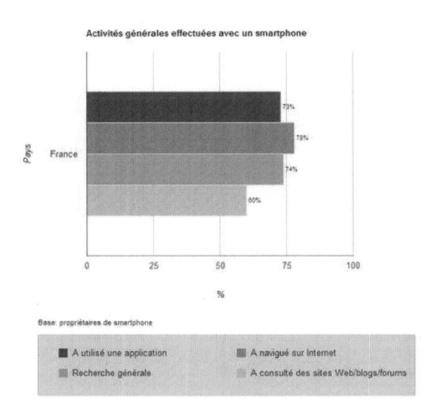

Figure 15-3 : plus de navigation Internet que d'utilisation d'application sur un mobile

Aujourd'hui, il est donc indispensable que les pages de votre site soient visibles depuis Google mobile puisque c'est le moteur de recherche par défaut de 90 % des mobiles (IOS et Android).

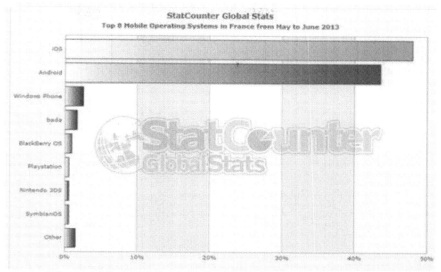

Figure 15-4 : iOS et Android 90 % des connexions mobile

OS, iOS, Android : c'est quoi ça ?

OS : operating system ou système d'exploitation en français. Les ordinateurs de bureau tournent principalement grâce à l'OS Windows de Microsoft. Sur mobiles et tablettes, les OS Android et iOS dominent en termes de part de marché.

iOS : c'est le système d'exploitation des terminaux iPhone et iPad de la marque Apple.

Android : c'est le système d'exploitation des terminaux tablette et mobile développés par les constructeurs alternatifs à Apple : Samsung, LG, Sony, HTC, Wiko, etc.

Que disent les nouvelles Guidelines Google mobile ?

Google recommande clairement d'utiliser une mise en page (CSS) en responsive Web design car pas de redirection à faire sur une URL mobile (temps de chargement plus rapide), une seule URL à charger et une seule version à indexer (mieux pour votre serveur et Google bot).

Il reconnaît également 2 autres configurations : chargement de nouveaux codes HTML / CSS optimisés mobile en cas de User-Agent mobile (le plugin WP Touch permet de faire ça), redirection vers une URL optimisée mobile (site mobile dédié) en cas de User-Agent mobile.

User-Agent : c'est quoi ça ?

Un agent utilisateur est une application cliente utilisée avec un protocole réseau particulier ; l'expression est plus généralement employée comme référence pour celles qui accèdent au World Wide Web. Les agents utilisateur du Web vont de la gamme des navigateurs jusqu'aux robots d'indexation, en passant par les lecteurs d'écran ou les navigateurs braille pour les personnes ayant une incapacité.

Quand un internaute visite une page Web, une chaîne de type texte est généralement envoyée au serveur pour identifier l'agent utilisateur. Elle est incluse dans la requête HTTP par l'en-tête « User-Agent » et elle donne des informations comme : le nom de l'application, la version, le système d'exploitation, la langue etc. source : Wikipédia.

Google reconnaît trois configurations de sites optimisés pour les smartphones :

- Les sites faisant appel à une conception Web adaptative (responsive Web design). Il s'agit de sites qui utilisent le même ensemble d'URL pour tous les appareils, chacune de ces URL affichant le même code HTML sur tous les appareils. Seul un code CSS est utilisé pour adapter l'affichage de la page en fonction de l'appareil. Google recommande cette configuration.

- Les sites qui s'affichent de manière dynamique sur tous les appareils à partir du même ensemble d'URL, chacune de ces dernières faisant appel à un code HTML (et CSS) différent selon que le user-agent est un ordinateur ou un appareil mobile.

- Les sites qui emploient des URL différentes pour les ordinateurs et les appareils mobiles.

Les choses à faire

Il faut que Google bot mobile soit en mesure de charger et d'indexer votre version de page optimisée mobile. Veillez donc bien à ce que vos fichiers css, javascript, ou pages mobiles soient indexables (pas d'exclusion dans un robot.txt, ni de noindex dans les meta).

Si vous avez fait le choix d'un site responsive Web design, il faut absolument que Google bot trouve dans votre feuille style ce type d'instruction (pour comprendre que votre design s'adapte au mobile) :

@media only screen and (max-width: 640px) {...}

Si vous faites une redirection en fonction du user-agent vers une nouvelle URL optimisée mobile (ex: www.monblog.com/mon-article vers m.monblog.com/mon-article). Sur la page pour ordinateur, ajoutez cela dans l'entête (<head>) :

<link rel="alternate" media="only screen and (max-width: 640px)"
href="http://m.monblog.com/mon-article" >

Sur la page pour appareil mobile, l'annotation requise est la suivante (à ajouter dans <head>) :

<link rel="canonical" href="http://www.monblog.com/mon-article" >

La balise link rel="canonical" de l'URL pour appareil mobile renvoyant vers la page destinée aux ordinateurs est obligatoire. Elle vous permet d'éviter de créer du contenu dupliqué et de lier votre page Web adaptée au PC à la page Web adaptée au mobile. C'est mieux de faire cela que de mettre votre page avec URL mobile en noindex.

Si la mise en forme peut changer entre le mobile et le PC, il faut quand même vous assurer que les contenus texte qui s'affichent sur votre PC et sur votre mobile soient identiques.

Les choses à ne pas faire

Sur vos pages optimisées mobile, veillez à ne pas :

- charger des vidéos Flash (incompatible avec les mobiles), préférez le format multi-terminaux mp4 .h264,

- rediriger un article vers une page 404,

- rediriger un article vers une page d'accueil mobile,

- rediriger un article vers une application mobile ou une page de téléchargement d'application (les utilisateurs ont horreur de ça).

Comment optimiser son blog WordPress pour Google mobile ?

La meilleure façon d'optimiser WordPress pour Google mobile est d'utiliser un thème Responsive Web Design (chapitre 8).

Figure 15-5 : design responsive sur mobile

Pour ceux qui auraient déjà un blog avec un thème non responsive, il existe heureusement une alternative gratuite et rapide pour disposer d'une version optimisée mobile qui se chargera sans redirection d'URL. Cette alternative s'appelle WP Touch, un plugin que j'utilise sur BlogBuster.fr et sur Jeanviet.info.

Figure 15-6 : version mobile avec WP Touch

Et si je n'ai pas de blog WordPress ?

Il existe d'autres solutions gratuites pour créer une version optimisée mobile de vos sites avec redirection automatique en cas d'user-agent mobile.

Si vous utilisez Blogger, Tumblr, ou OverBlog, tout a été prévu pour rediriger vos lecteurs vers une version optimisée mobile de votre blog.

Si votre plateforme de blog ne gère pas de version optimisée mobile, il est toujours possible de faire appel à des services tiers comme Mobify ou Duda Mobile qui se chargeront de transformer automatiquement votre blog en site optimisé mobile.

Comment vérifier ce que voit Google mobile ?

Il suffit d'utiliser l'extension firefox user agent switcher (**http://jbv.ovh/bb-49**) et d'ajouter les paramètres de Google bot mobile (**http://jbv.ovh/bb-50**).

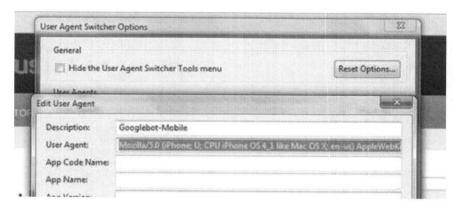

Figure 15-7 : google bot mobile sur extension user agent switcher

Vous pourrez ainsi vérifier directement dans votre navigateur l'affichage et le code source de votre page mobile tel que le voit Google !

À retenir

Voici quelques solutions faciles à mettre en place pour optimiser votre blog pour une consultation sur mobile et un référencement sur Google mobile :

- Reponsive Web Design.

- Plugin WordPress WP Touch .

- Duda Mobile ou Mobify.

Aller plus loin

Voici une liste de sites et de livres ou vous trouverez quelques recommandations et chiffres sur l'Internet mobile :

- Luke Wroblewski : Livre Mobile First
  http://jbv.ovh/bbs-51

- Recommandations Google sites mobile :
  http://jbv.ovh/bbs-52

- Quelques données d'usages sur les mobinautes :
  http://jbv.ovh/bbs-53

16- COMMENT ÊTRE VISIBLE SUR LES RÉSEAUX SOCIAUX ?

Nous n'avons pas à décider si nous devons ou non utiliser les réseaux sociaux, la question est plutôt comment nous pouvons bien les utiliser ?
Erik Qualman

Vos lecteurs passent la plus grosse partie de leur temps sur internet connectés à leur email ou sur les réseaux sociaux. En 2013, plus de 15 % du temps passé sur Internet était consacré à Facebook.

En France, un internaute se connecte à Facebook plus de cinq heures par mois pour communiquer avec ses amis, partager ou commenter des photos, jouer, mais aussi consulter des articles de sites ou de blogs auxquels il s'est abonné (via les Fan Pages).

Même si Facebook est six fois plus utilisé que Twitter et Google+, cela ne va peut pas dire qu'il faut totalement exclure ces deux autres réseaux sociaux de votre stratégie de communication. Une bonne utilisation de Twitter et Google+ peuvent en effet vous permettre de générer parfois plus de visites en volume et plus de contacts qualifiés sur vos articles.

Nous allons voir dans ce chapitre comment communiquer sur ces trois réseaux sociaux et comment faire en sorte que chaque fois que vous publiez un nouvel article de blog celui-ci se propage le plus rapidement possible sur Facebook, Twitter et Google+ et vous apporte ainsi un flux de visiteurs nouveaux sur votre blog.

Quelles différences entre Facebook, Twitter et Google+ ?

Facebook est le réseau social incontournable à adresser. Chaque jour, près de 10 millions de Français s'y connectent. C'est le réseau social des amis. Lorsqu'on se connecte à Facebook, on accède à une chronologie des dernières photos, articles, vidéos partagés par nos amis.

Figure 16-1 : partage sur Facebook

On peut également voir des articles issus de sites auxquels on s'est abonné via les Fan Pages.

Figure 16-2 : partage sur Fan page Facebook

La plupart du temps on voit aussi beaucoup de publicités sur Facebook. Pour inciter les sites et les marques à payer des publications sponsorisées, Facebook bride volontairement la diffusion des articles de Fan page à 10 % des abonnés (edgerank)

Twitter est un réseau social intéressant à adresser car de nombreux journalistes, blogueurs et influenceurs l'utilisent. En étant visible sur Twitter, vous augmentez ainsi vos chances d'être relayé sur d'autres blogs ou sites Web.

Figure 16-3 : insertion d'un de mes tweets sur 20minutes.fr

Quant à **Google+**, il est surtout intéressant à exploiter dans l'optique de relayer vos articles dans les résultats de recherche Google. Car quand quelqu'un dans vos cercles d'amis sur Google+ publie un article ou met un +1 sur le réseau social, celui-ci apparaît dans vos recherches s'il est lié au mot-clé que vous avez tapé.

Sign in to **Yahoo**
www.yahoomail.com/ ▾ Traduire cette page
Yahoo makes it easy to enjoy what matters most in your world. Best in class **Yahoo**
Mail, breaking local, national and global news, finance, sports, music, movies ...

Et si on parlait un peu plus de **Yahoo** ! par ici ? #NewsDigest ...
https://plus.google.com/.../posts/fw6ruDQp8T7 ▾
Jean-Baptiste VIET
9 mai 2014 - ... un peu plus de Yahoo ! par ici ? #NewsDigest
http://blog.jeanviet.info/application-mobile/**yahoo**-news-digest-est-disponible-
sur-android-et-cest-une-tuerie.htm

Mon Figaro - **YAHOO!** - Le Figaro
plus.lefigaro.fr/tag/**yahoo** ▾
10 éléments - .... page tous les articles sur. **YAHOO!** Syndiquer le contenu.
Ces rachats d'entreprises dans lesquels l'Etat est déjà intervenu.   1
Yahoo! et Microsoft se lancent dans les séries télé.   3

Figure 16-4 : résultat Google+ intégré à Google.fr

Créez des comptes sur les principaux réseaux sociaux

Il n'est pas nécessaire d'avoir des comptes Facebook, Twitter, Google+ pour que vos articles de blog soient partagés sur ces réseaux sociaux, mais si vous voulez prendre la parole dessus et fidéliser les lecteurs de votre blog, c'est indispensable.

Je vous conseille donc de créer un compte Twitter à votre nom dans lequel vous pourrez associer le nom et l'adresse de votre blog dans la biographie.

Figure 16-5 : mon compte twitter @jeanviet

D'en faire de même pour Google+ (pas nécessaire de créer une page d'entreprise).

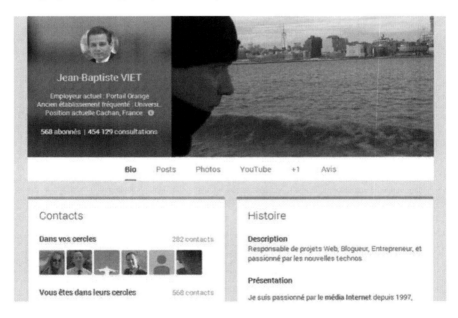

Figure 16-6 : mon compte Google+

Concernant Facebook, il vous faudra aussi un compte personnel et une page de Fan pour bien séparer votre vie perso de la vie de votre blog.

Figure 16-7 : ma Fan page Facebook

Mettez vos profils sociaux en forte visibilité sur votre blog

Une fois les comptes créés, il faudra les mettre en avant sur votre blog pour que vos lecteurs s'y abonnent.

Ceci peut se faire :

- au niveau de votre header,

- à la fin de vos articles,

- ou sur votre page à propos.

Ne forcez surtout pas la main à vos lecteurs en ouvrant des popins d'incitation à aimer votre page Facebook avant que celui-ci n'ait lu votre article. En faisant cela vous perdrez sur les 2 tableaux : le visiteur quittera votre site car il n'aura pas pu lire l'article promis et il ne reviendra pas.

Animez vos comptes Facebook et Twitter

Bien sûr, cette création de comptes sociaux dédiés à votre blog ou à votre personne n'a de sens que si vous intervenez régulièrement et existez sur ces réseaux. Pour que vos lecteurs aient un intérêt à vous suivre et à réagir, il faut leur en donner un peu plus que sur votre blog et être plus proche d'eux.

Sur votre page Facebook, vous pourrez par exemple intervenir une à deux fois par semaine pour partager des bons plans, organiser des jeux concours, sonder vos lecteurs sur les améliorations à apporter à votre site ou simplement souhaiter de bonnes vacances. Privilégiez les messages accompagnés de photos et posez des questions, vous aurez ainsi plus d'engagements de vos fans.

Figure 16-8 : animation de ma page Facebook

Concernant Twitter, il faut voir ce réseau social comme un outil de veille et de curation. Pour ma part, j'en ai une utilisation personnelle quotidienne. Twitter c'est l'instantanéité, la réactivité, l'interactivité, l'info de dernière minute vite rédigée et vite partagée.

Veille, curation : c'est quoi ça ?

Veille : action de surveiller tout ce qui se dit sur un sujet donné. Dans les métiers du Web, il est indispensable d'avoir une veille quotidienne sur les technologies, les dispositifs réglementaires, le marketing, les usages en plein essor.

Curation : action de sélectionner, hiérarchiser, organiser les éléments récupérés pendant une veille. Cela peut être matérialisé par un simple retweet (partage sur Twitter) ou par un article de blog qui ressemble à une revue de presse.

Si vous ne comptez pas être actif et interactif sur ce réseau au quotidien, il vaut mieux ne pas ouvrir de compte.

Vous allez suivre sur Twitter des comptes qui parlent de vos centres d'intérêt parce qu'ils vont vous permettre d'accéder rapidement à des contenus intéressants. Faites de même quand vous tweetez : relayez les news intéressantes, partagez vos pensées du moment sur un événement, sondez vos followers.

Figure 16-9 : mini-sondage twitter

Automatisez le partage de vos articles sur les réseaux sociaux

Et si vous mettiez en place une routine automatique de partage d'articles sur Facebook, Twitter, Google+, email chaque fois que vous publiez un nouvel article sur votre blog.

Pour se faire rien de bien compliqué, il suffit de lier vos comptes sociaux et votre flux RSS de blog à quelques agrégateurs de flux RSS. Personnellement, j'en utilise 3 différents sur BlogBuster :

- Feedburner pour gérer Flux RSS et Newsletter,

- dlvr.it pour envoi Facebook et Twitter,

- Hootsuite pour partager sur Google+.

Ajoutez des boutons de partage dans vos articles

Le moyen le plus efficace de faire circuler vos contenus sur les réseaux sociaux est à mon avis d'ajouter des boutons de partage explicites vers les réseaux sociaux préférés de vos lecteurs, de Google et des influenceurs.

Il faut que vos boutons de partage Facebook, Twitter, Google+ soient visibles en début d'article et en fin d'article.

Figure 16-10 : boutons de partage sociaux visibles en haut d'article

Les boutons de partage en début d'article ont plusieurs vertus :

- faciliter le partage pour celui qui ne lirait pas l'article jusqu'au bout,

- afficher le nombre de partages pour inciter le lecteur à lire.

En bas d'article, c'est la position la plus efficace (pas obligé de revenir en haut) pour offrir à ceux qui ont lu avec plaisir votre article jusqu'à la dernière ligne la possibilité de le partager sur leurs réseaux sociaux.

Figure 16-11 : boutons de partage sociaux visibles en bas d'article

Adaptez vos articles aux réseaux sociaux

Si vous voulez que votre blog buzze sur les réseaux sociaux, il faut absolument que vous réfléchissiez à créer des formats d'articles qui sont adaptés au partage :

- Infographies.

- Top 10.

- Vidéos.

- Photos amusantes.

Figure 16-12 : infographie sur la blogosphère

Je vous recommande vivement de créer une infographie originale autour de la thématique principale de votre blog pour servir de rampe de lancement à la démultiplication de votre blog sur d'autres sites et réseaux sociaux.

Grâce à mon infographie de la blogosphère française (**http://jbv.ovh/bbs-54**), j'ai bénéficié très rapidement d'articles commentés sur pas mal de blogs bien installés : Coreight, PixGeeks, TousGeeks, DataViz, 1image.eu...

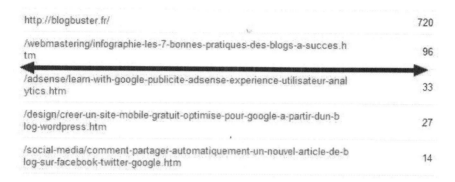

Figure 16-13 : 96 liens pour mon infographie (webmaster tools)

Et également de quelques bons relais sur des comptes Twitter (Al-Kanz, Chob) :

Figure 16-14 : relais de comptes influents sur twitter de mon infographie (topsy)

et Google+ influents

Stephane Briot
Partagé en mode public - 23 août 2013

Pas mal d'infos qui pourront vous éclairer...

Jean-Baptiste VIET a initialement partagé ce post avec
Blogueurs web & tech (Honte... :
Je pense que cette infographie va vous intéresser : **Les 7 bonnes pratiques des
blogs à succès.** Inspiré par les précédents travaux avec BuiltWith de **+Chob
Choblab** J'ai fait du "reverse engineering" du top 200 des blogs Fr pour déterminer
les outils, plateformes, thématiques (les blogs high tech sont en tête) les + souvent

Figure 16-15 : partage Google+ de Stéphane Briot

Olivier Duffez
Partagé en mode public - 24 août 2013

Merci **+Jean-Baptiste VIET** pour la citation de **+WebRankInfo**

Jean-Baptiste VIET a initialement partagé :
Reverse Engineering sur les Blogs Francophones les plus consultés. A l'honneur les
excellents blogs de **+Olivier Duffez +Anne Lataillade +Alexandre VAL +François
Charron +Ulrich Rozier +Manuel Dorne**

Figure 16-16 : partage Google+ d'Olivier Duffez

Ça m'a pris pas mal de temps pour préparer cette infographie, mais le jeu en valait largement la chandelle. BlogBuster a ainsi bénéficié de 96 liens sur des blogs et sites, de 80 partages sociaux et en plus des collègues blogueurs très influents (Al Kanz, Chob, Stéphane Briot, Olivier Duffez) qui m'inspirent au quotidien m'ont fait l'honneur de relayer mon infographie auprès de leurs audiences.

Citer les influenceurs

Une fois que vous aurez publié votre test produit, votre tutoriel, votre infographie, votre top 10, pensez à citer les comptes Google+ (communautés Google+) ou Twitter influents auxquels vous faites référence dans votre article avec un petit message personnalisé idéalement.

Figure 16-17 : tweet à propos de l'OVH Summit citant @olesovhcom

Vous vous donnerez ainsi toutes les chances d'être lus par les principaux intéressés et ensuite d'être relayé. En citant @olesovhcom (le DG d'OVH, mon hébergeur depuis 8 ans), j'ai eu le droit à un retweet de sa part qui a été vu par ses 14 000 followers de l'époque et qui m'a apporté + de 300 visites dans la journée !

À retenir

Il faut absolument que vous soyez présent sur les réseaux Facebook, Twitter et Google+. Sur Facebook, vous parlerez au nom de votre site grâce à votre Fan Page, sur Twitter et Google+ vous parlerez en votre nom.

Pour que vos visiteurs puissent vous suivre sur leur réseau social préféré, pensez à mettre des liens d'abonnement quelque part sur votre blog. Pour que vos articles soient partagés par vos lecteurs, ajoutez des boutons de partage en début et en fin d'article.

Aller plus loin

Voici quelques plugins et outils que je vous recommande d'utiliser :

- Créer une Fan Page Facebook **http://jbv.ovh/bbs-55**

- Boutons de partage asynchrones WP
  Socialite : **http://jbv.ovh/bbs-56**

- Hootsuite : **https://hootsuite.com**

- DLVR.IT : **http://dlvr.it**

17- COMMENT CRÉER UNE NEWSLETTER ?

Quelle est la première question qu'on vous pose quand vous vous inscrivez à Twitter, Facebook, Tumblr, Instagram. Quelle est votre adresse email ? L'email a encore de l'importance.
John Thomasen

L'email n'est pas mort. Tous les jours, des millions de Français se connectent plusieurs fois à leur messagerie depuis leur PC, mobile, ou tablette pour communiquer de façon privée avec leurs proches.

Les messages indésirables se portent bien aussi. Les principaux prestataires de mail dans le monde ont donc dû mettre en place des filtres de plus en plus restrictifs pour s'assurer que les boîtes mails de leurs utilisateurs ne se transforment pas en boîtes à spam.

L'enjeu pour vous va être de réussir à convaincre vos lecteurs de s'abonner à votre blog par email, d'ajouter votre adresse en source sûre, de rédiger des newsletters engageantes, régulières et envoyées au bon moment.

Des sites qui se sont fait connaître grâce à leur newsletter

Avant de devenir des sites Web à succès qui génèrent plusieurs millions d'euros de chiffre d'affaires par an, Craig List, My Little Paris, App Gratis ont tous les 3 commencé par diffuser leurs annonces et bons plans à travers une newsletter.

C'est d'ailleurs le succès de leur newsletter qui a validé leur business model, leur a permis de faire payer des annonceurs ou des éditeurs et de grossir pour devenir respectivement des sites et applications leaders dans les secteurs des petites annonces, de la sortie, de la recommandation d'applications.

Chiffre d'affaires, Business Model : c'est quoi ça ?

Chiffre d'affaires : Recettes totales d'une entreprise sur une année avant paiement des charges.

Business Model : C'est comment une entreprise arrive à créer de la valeur (dégager un chiffre d'affaires) à partir de son activité. Sur Internet, on crée d'abord le service, une audience adhère à ce service, et ensuite on teste différents axes de monétisation (publicité, abonnement, vente à l'acte) sur cette audience.

Quel outil utiliser pour créer une newsletter ?

Il existe des centaines d'outils en ligne pour créer des emailing et les envoyer. En général ces outils sont disponibles en mode freemium : c'est gratuit si vous avez moins de 2 000 utilisateurs et il faut ensuite payer quelques dizaines d'euros tous les mois pour envoyer à plus de personnes et avoir plus de fonctionnalités.

Freemium : c'est quoi ça ?

Freemium : On vous donne accès au service gratuitement avec des limites d'utilisation correspondant aux besoins les plus basiques. Si vous êtes un gros utilisateur qui veut plus de fonctionnalités, il faut alors payer le service **premium**.

Le premier outil naturel à utiliser c'est votre Webmail. Vous pouvez en effet envoyer un message de masse à une liste de diffusion en utilisant un Webmail gratuit comme outlook.com ou Gmail. Il faut cependant veiller à ne pas dépasser un volume d'envoi quotidien de 300 (outlook.com) à 500 messages (Gmail), au-delà votre compte sera bloqué.

Si vous disposez d'un hébergement mutualisé, vous pouvez aussi installer et utiliser l'outil open source PhpList pour gérer des envois d'emailing à plus de 500 destinataires.

Si vous disposez d'un blog WordPress, Mail Chimp ou Mail Poet sont des outils freemium avec des interfaces utilisateurs très simples qui peuvent également vous permettre de gérer des campagnes d'emailing à plus de 500 destinataires.

Enfin l'outil le plus simple reste Feedburner qui peut à partir d'un flux RSS de blog créer une newsletter chaque fois que vous publiez un nouvel article. Je vais surtout parler de cet outil dans ce chapitre.

Comment inciter vos lecteurs à s'abonner à votre newsletter ?

La première chose simple à faire consiste à mettre en bonne visibilité sur votre blog un widget de souscription à votre blog par email.

Figure 17-1 : widget de newsletter

Pour cela, il suffit de copier-coller dans la barre de widget de votre blog un code HTML que vous fournira Feedburner quand vous syndiquerez le flux RSS de votre blog.

Figure 17-2 : code html feedburner

Le code que fournit Feedburner permet de simplifier la souscription par email à votre blog. L'utilisateur est invité à fournir son email et à appuyer sur OK.

Pour éviter que quelqu'un abonne une personne à votre newsletter à son insu, Feedburner envoie un email de validation.

Vous pouvez personnaliser cet email dans Communication Preferences.

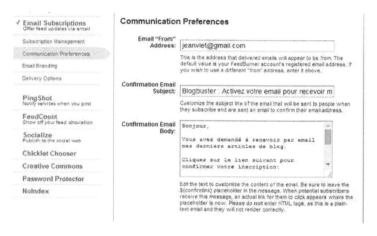

Figure 17-3 : préférences de communication Feedburner

Je vous propose de vous servir de cette zone pour ajouter un lien vers un contenu gratuit de votre cru (exemple un eBook, une création, une sélection de recettes....)

Figure 17-4 : mail reçu après abonnement

Ainsi vous pourrez encore améliorer l'accroche de votre widget de souscription.

Figure 17-5 : widget de newsletter amélioré

En indiquant à vos lecteurs que vous leur offrez quelque chose après abonnement à votre newsletter, vous augmenterez mécaniquement vos taux d'abonnement.

Comment améliorer les taux d'ouverture de vos

newsletters ?

Vos lecteurs sont comme vous et moi, ils sont moins réceptifs aux emails reçus le week-end (surtout s'ils ont donné leur email pro) et à ceux envoyé dans la semaine en plein milieu d'une journée de travail.

Il vaut donc mieux programmer vos envois le matin entre 7 heures et 9 heures et rédiger vos articles la veille d'un début de semaine (dimanche, lundi, mardi par exemple) puisque Feedburner les envoie le lendemain.

Ceci se paramètre dans Delivery Options.

Figure 17-6 : programmez vos horaires d'envoi

Normalement, les emails en provenance de Feedburner ne sont pas filtrés au niveau des spams et n'apparaissent pas non plus dans Gmail dans l'onglet Promotions. Donc, vous n'aurez pas à inciter vos lecteurs à vous ajouter en expéditeur de confiance.

Selon une récente étude du SNCD, l'expéditeur et l'objet du mail sont à plus de 60 % les éléments déclencheurs d'une lecture d'un email. Il faut donc soigner ces 2 volets qui sont paramétrables dans Feedburner.

Figure 17-7 : boîte de réception mail orange, expéditeur et objet tout de suite visibles

Pour l'expéditeur, je vous recommande de mettre votre prénom et votre nom (ou juste votre prénom) suivi du nom de votre site, ça donnera un caractère plus personnel à votre message. Et pour l'objet, il suffit de reprendre le titre de votre article suivi ou non du titre de votre blog.

Pour le titre de l'expéditeur ça se passe dans Optimize > Title.

Figure 17-8 : Feedburner > Optimize > Title

Pour le titre de l'objet, ça se passe dans Publicize > Email Branding.

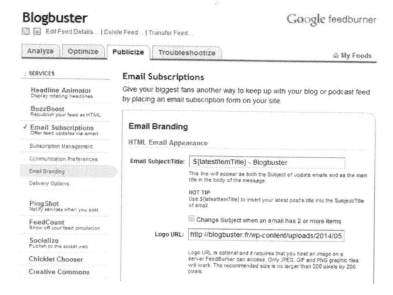

Figure 17-9 : Publicize > Email Branding

Il suffit de mettre ${latestItemTitle} dans Email Subect/Title.

Comment optimiser les taux de clics ?

Maintenant que vous avez des abonnés et que vos emails sont lus, c'est encore mieux si ça renvoie du trafic vers votre blog. Pour que ça clique, il suffit de faire appel à son bon sens.

Affichez un résumé de vos articles plutôt que les articles intégraux

Si vous mettez toute la matière dans le corps du mail, vos abonnés ne seront pas incités à cliquer sur le titre leur permettant de lire l'article dans son intégralité.

Ajoutez des visuels cliquables

Vous pouvez vous arranger quand vous publiez un article pour faire en sorte que le visuel d'introduction de votre article pointe avec un lien vers l'article intégral.

Poussez du contenu éditorial plutôt que promotionnel

Si vous écrivez en permanence des articles de blog qui visent à vendre votre produit ou vos services, ne vous étonnez pas que personne ne clique à l'arrivée.

À quoi ressemble l'emailing parfait ?

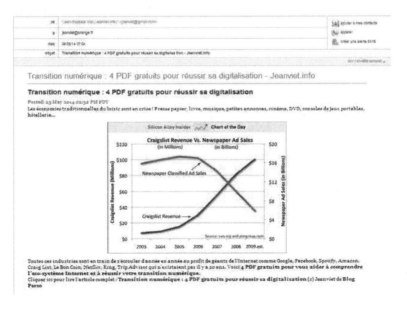

Figure 17-10 : exemple de bon emailing

4 PDF gratuits (objet) envoyés à 7h04 le lundi par Jean-Baptiste Viet (expéditeur) ça donne forcément envie d'ouvrir.

Avec un visuel cliquable et un résumé de l'article, là aussi, j'ai envie de cliquer. Au final, l'article aura été lu par 32 utilisateurs différents le lundi.

À retenir

L'email est le premier outil de communication personnel sur Internet. Il est très facile de distribuer vos articles sous forme d'une newsletter auquel vos lecteurs pourront s'abonner.

La façon la plus simple est d'utiliser Feedburner et de proposer à vos lecteurs un widget d'abonnement à vos articles par mail. Pour optimiser vos taux d'ouverture et de clics, il faudra envoyer votre newsletter au bon moment et s'assurer que le message que vous envoyez est suffisamment engageant (expéditeur, objet, message à soigner).

Aller plus loin

Voici quelques outils pour automatiser l'envoi de vos newsletters :

- **http://feedburner.google.com/**

- **http://www.phplist.com/**

- **http://www.mailpoet.com/**

- **http://mailchimp.com/**

18- COMMENT RÉDIGER UN TUTORIEL EFFICACE ?

Quand un homme a faim, mieux vaut lui apprendre à pêcher que de lui donner un poisson.
Confucius

L'audience de mon blog Jeanviet.info n'a réellement décollé que grâce aux succès rencontrés par mes deux premiers tutoriels :

- Super : comment convertir vos vidéos dans tous les formats ? **http://jbv.ovh/bbs-57**

- FoxyProxy : regarder les vidéos réservées aux Américains **http://jbv.ovh/bbs-58**

Ceux-ci ont généré chacun pendant des années plus de 500 visites / jour et j'ai même été obligé de fermer les commentaires et de créer un forum tellement ils suscitaient de réactions et de questions.

Pour que votre blog progresse en audience et se transforme progressivement en communauté, je vous encourage donc vivement à rédiger tous les mois un tutoriel de qualité. Nous allons voir ici toutes les étapes pour y arriver.

Pour illustrer mon propos je vais partir d'un tutoriel concret qui va vous apprendre à transformer un Tumblr en site pro (**http://jbv.ovh/bbs-59**). Cela va être ainsi également l'occasion de récapituler brièvement tout ce qui a été vu auparavant en matière de création et de promotion de blog.

Comment trouver une bonne idée de tutoriel ?

Un tutoriel n'a d'intérêt que si son exécution permet de résoudre facilement un problème qui aurait été insoluble sans guidage pas à pas. Un tutoriel doit donc répondre à une question centrale (la résolution finale) et à plusieurs petites questions (les étapes successives).

Pour trouver une bonne idée de tutoriel, il faut :

- être à l'écoute de vos lecteurs,

- regarder les mots-clés qui vous apportent du trafic sur votre blog,

- scruter dans les forums les questions autour de ces mots-clés qui n'ont pas été résolues,

- s'assurer que le problème que vous allez résoudre intéressera suffisamment de personnes.

Quand j'ai rédigé mon comparatif de plateformes de blog, j'ai pu me rendre compte en filtrant les recherches contenant « ou » dans Webmaster Tools que beaucoup de personnes hésitaient entre WordPress et Blogger mais aussi se posaient la question de démarrer un Tumblr.

	A	B	
1	Requête	Impressions	
13	blogger ou wordpress	403	
16	wordpress ou blogger	203	
17	**tumblr ou wordpress**	90	
28	blog ou page facebook	81	
35	.org ou .com	64	
45	wordpress.com ou wordpress.org	61	
52	overblog ou wordpress	59	
56	**wordpress ou tumblr**	59	
60	overblog ou blogspot	57	
69	wordpress ou overblog	55	
79	blogger ou overblog	55	
87	overblog ou blogger	55	
110	wordpress.org ou wordpress.com	54	
115	page ou compte facebook	40	
132	**tumblr ou blogger**	29	
136	**tumblr ou blogspot**	29	
141	**blogger ou tumblr**	24	
159	blogspot ou overblog	21	
163	tumblr ou blog	21	
189	wordpress.com ou .org	20	
214	**blog ou tumblr**	20	
316	wordpress org ou com	18	
324	**blogspot ou tumblr**	17	

Figure 18-1 : mots clés issus de Webmaster Tools contenant "ou"

Démarrer un tumblr ? Pour quoi faire ? Si j'analyse les recherches associées (filtre « Tumblr » dans Webmaster Tools) : pour lui ajouter un nom de domaine, le faire connaître et de gagner de l'argent avec :

- gagner de l'argent avec Tumblr
- Tumblr les plus visités
- Tumblr référencement
- thème Tumblr personnalisable
- creer Tumblr
- Google adsense Tumblr
- personnalisation Tumblr
- Tumblr nom de domaine
- Tumblr c'est quoi

- ouvrir un compte Tumblr
- site Tumblr
- faire connaitre son Tumblr
- Tumblr adsense

Comme en général, Tumblr est utilisé par des novices, personne en France n'avait réellement pris le temps de répondre à ces questions. Alors je me suis senti investi d'une mission !

Expliquez et montrez tout de suite le bénéfice utilisateur

Un tutoriel c'est long, si vous voulez convaincre dès le départ, il faut tout de suite montrer le bénéfice utilisateur.

Figure 18-2 : mon blog tumblr solomo.fr

Dans le chapeau introductif de votre blog, montrez le résultat en image (ici un domaine perso et un design responsive sur mon Tumblr) accompagné d'un petit texte vendeur.

« Vous avez besoin d'un site Web pour présenter votre activité ? D'un outil d'édition simple pour centraliser votre prise de parole sur Internet que vous soyez à la maison ou au bureau derrière un PC / Mac, ou à l'extérieur derrière un mobile.

Vous n'avez pas le temps d'installer un WordPress, pas le temps de bloguer de longs articles, pas le temps d'être actif sur 3 réseaux sociaux, pas d'argent à mettre pour un site Internet clé en main. Tumblr outil de blogging gratuit pourrait je pense bien vous dépanner. Nous allons voir dans ce tuto comment l'optimiser pour un usage professionnel. »

Indiquez en introduction tous les prérequis nécessaires à la bonne exécution du tutoriel

Si vous avez accroché le lecteur, il faut à l'étape d'après le convaincre de ne pas abandonner en lui affichant dans une première partie tous les prérequis obligatoires avant exécution : temps nécessaire, logiciels, services à souscrire, prix...

Prérequis pour créer un site pro avec Tumblr

Pour transformer un Tumblr en site pro, vous aurez besoin en plus :

- *d'un compte Twitter,*
- *d'une page Fan Facebook,*

- *d'un compte Google Analytics (suivi d'audience),*
- *d'un compte Disqus (ouverture des commentaires)*
- *d'un nom de domaine en .fr ou .com*
- *de l'appli mobile Tumblr*
- *d'un PC ou d'un Mac la 1ère fois pour la configuration d'un Tumblr*
- *et d'un mobile ensuite pour la gestion quotidienne*

Décomposez votre tutoriel en étapes

Il faut aussi décomposer votre tutoriel en étapes. Affichez pour se faire en début d'article un sommaire des différentes sous-parties de l'article avec des liens ancre (liens qui mènent le lecteur directement vers la sous-partie qui l'intéresse).

1. *Pourquoi créer un site avec Tumblr ?*
2. *Prérequis pour créer un site pro*
3. *Créer un compte Tumblr*
4. *Créer un Tumblr*
5. *Rédiger un article depuis son PC*
6. *Ajouter des pages*
7. *Personnaliser son design*
8. *Ajouter un domaine perso*
9. *Partage automatique Facebook et Twitter*
10. *Analytics et commentaires*
11. *Partager une photo, un lien, du texte sur mobile*
12. *Des questions sur Tumblr ?*

Illustrez votre tutoriel d'images et de vidéos

Les lecteurs adorent avoir des repères visuels et des instructions vidéos pour bien exécuter les conseils que vous leur prodiguez.

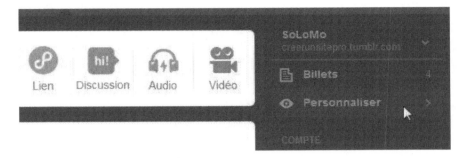

Figure 18-3 : visuel tumblr pour illustrer votre tutoriel

N'hésitez pas à parsemer votre article de captures d'écran et si vous le jugez utile de petits tutoriels vidéo hébergés sur YouTube.

Répondez aux questions dans les commentaires

Avant de publier votre tutoriel, invitez vos lecteurs à la fin de votre article à poser leurs questions dans les commentaires :

Je pense avoir balayé dans ce tutoriel tous les points importants pour transformer votre Tumblr en site pro. Si vous avez des questions spécifiques sur Tumblr, n'hésitez pas à réagir dans les commentaires, je me ferai un plaisir de vous apporter la meilleure réponse dans les plus brefs délais.

Il y aura forcément un jour ou l'autre quelqu'un qui réagira à votre tutoriel. Une fois que le premier commentateur se lance, ça fait partir la mécanique. Et là vous vous devez d'être au taquet, répondre à chaque question dans les plus brefs délais possibles pour inciter les autres lecteurs de passage à poser leurs questions à leur tour.

C'est comme cela que naissent les communautés. En donnant de votre personne dans les commentaires, vous allez inciter d'autres lecteurs généreux à apporter leur aide, ils deviendront même spontanément modérateurs, ils vous aideront dans les projets de croissance de votre site.

En procédant ainsi avec un de mes tout premiers tutoriels dédié à la conversion vidéo, j'ai reçu en moins de 6 mois plus de 350 commentaires. Cédric, un fidèle lecteur s'est senti obligé de me venir en aide tellement la demande était forte.

Nous avons créé ensemble un forum (1 200 questions dessus depuis) et un recueil de tutoriels vidéo (teletuto.fr) pour continuer à aider au mieux les internautes de passages. Daria, Furious, Tdj, cc69, Ziharmo, Manu sont venus ensuite apporter leurs contributions.

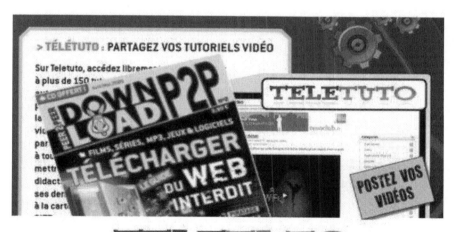

Figure 18-4 : Teletuto en kiosque

Nos tutoriels vidéo se sont même retrouvés trois mois de suite dans un magazine informatique commercialisé en kiosque et tiré à plus de 40 000 exemplaires. J'espère que cette longue parenthèse vous aura convaincu de l'intérêt de venir systématiquement en aide aux internautes dans vos commentaires de tutoriels.

Mettez à jour votre tutoriel

Si les questions de vos lecteurs et vos réponses enrichissent votre article au niveau des commentaires il faut aussi le répercuter au niveau de votre article.

N'hésitez pas au fil du temps à le rééditer (en citant les dates de mise à jour), à rajouter des tutoriels vidéo plus explicites, vous arriverez ainsi à prolonger la durée de vie de votre tutoriel.

Figure 18-5 : tutoriel mis à jour

Comment promouvoir votre tutoriel ?

Un bon tutoriel n'a pas vraiment besoin de coup de pouce de votre part. En général, avec le temps, grâce aux moteurs de recherche, les internautes tombent dessus assez naturellement, le partagent ensuite spontanément sur Facebook ou Twitter, ou le citent en référence en réponse à des questions dans les forums qu'ils fréquentent.

Rien ne vous empêche bien sûr de faire vous-même ces relais au départ si les commentaires et les partages tardaient à venir. Mais ne tombez pas non plus dans l'excès d'aller spammer toutes les questions liées à votre tutoriel dans les forums.

À retenir

Voici une check-list des 7 étapes clés à respecter pour rédiger un tutoriel de qualité :

1. Apportez une réponse à une question non résolue sur Internet.
2. Montrez le bénéfice utilisateur au début du tutoriel.
3. Indiquez les prérequis nécessaires à la bonne réalisation de votre tutoriel.
4. Décomposez votre tutoriel en plusieurs étapes.
5. Illustrez votre tutoriel d'images et / ou de vidéos.
6. Répondez aux questions dans les commentaires.
7. Mettez souvent à jour votre tutoriel.

Aller plus loin

Pour vous donner des idées, voici quelques tutoriels sur Jeanviet.info qui ont connu pas mal de succès :

- Super : comment convertir vos vidéos dans tous les formats ? **http://jbv.ovh/bbs-57**

- FoxyProxy : regarder les vidéos réservées aux Américains **http://jbv.ovh/bbs-58**

- Créer un livret de messe avec Word **http://jbv.ovh/bbr-59**

- Rechercher et remplacer du texte avec Notepad++ **http://jbv.ovh/bbs-60**

- Réaliser un CV soigné avec Word **http://jbv.ovh/bbs-61**

Partie 3 :
Gagner de l'argent avec son blog

Tout travail mérite salaire

Voilà maintenant un an que votre blog existe. Si vous avez développé du contenu sur une thématique grand public, que vous avez réussi à tenir le rythme de deux articles par semaine et un tutoriel par mois et que vous avez suivi mes conseils en matière d'optimisation de vos contenus pour Google et les réseaux sociaux, vous ne devriez pas être loin des 500 visiteurs / jour.

Avec une telle audience, vous allez maintenant pouvoir réfléchir à comment monétiser vos contenus et votre savoir-faire grâce à :

- la publicité,

- l'affiliation,

- le conseil.

Quelles que soient les voies de monétisation que vous choisirez, vous serez obligé de créer une entreprise individuelle, de déclarer vos revenus au régime social des indépendants et aux impôts afin d'être solide comme un roc en cas de contrôle fiscal.

Dans cette partie, je vais partager beaucoup de retours d'expériences autour de la monétisation d'un blog High-Tech ou plus de 95 % de mes revenus directs étaient liés à AdSense.

Pas mal de mes conseils seront transposables sur des blogs traitant d'autres thématiques, mais il est fort probable que mon mix monétisation (publicité, affiliation, conseil) soit différent du vôtre.

19- COMMENT MONÉTISER SON AUDIENCE ?

55% des personnes entrant dans une boutique en ressortent en ayant fait un achat. Sur internet, ce taux n'est que de 2,1%.
Estimation de Google et Kantar Média

Si la publicité AdSense (annonces display et liens contextuels) est la solution la plus facile à déployer pour toucher vos premiers euros et fonctionne assez bien sur les blogs High-Tech, finance, voyage et mode, elle ne sera pas forcément adaptée à votre thématique.

Si vous êtes dans le divertissement (Humour, Jeux Vidéo), il vaudra mieux monétiser vos contenus à travers des vidéos YouTube (annonces InStream).

Si vous êtes sur des thématiques qui se lisent sur tablettes ou s'impriment (Cuisine, BD, Littérature, Blog pour apprendre à bloguer), il est évident que vos utilisateurs seront moins réceptifs à la publicité, il faudra alors essayer de vendre votre ouvrage aux visiteurs les plus fidèles.

Si vous visez une cible professionnelle, ceux-ci auront moins de temps à vous consacrer, seront moins nombreux, mais auront plus d'argent, charge à vous d'arriver à les convaincre que grâce à vos conseils vous pouvez leur faire gagner du temps et de l'argent.

Comment gagne-t-on de l'argent sur Internet ?

Fort heureusement, il n'y a pas que les opérateurs de réseaux, les hébergeurs et les créateurs de sites Internet qui gagnent de l'argent sur Internet.

Selon le Boston Consulting Group, en France, la net-économie représente 3 % du produit intérieur brut. L'économie traditionnelle reste en 2014 toujours aussi puissante avec 95 % des ventes réalisées en magasin vs 5 % d'achat en ligne.

Si on tient compte du fait que bien souvent on fait des recherches en ligne pour aller acheter ensuite le produit en magasin physique (ROPO), l'incidence d'Internet sur l'acte d'achat final représente près de 20 % des transactions.

Et sur certains secteurs comme le voyage, Internet est même utilisé dans une transaction sur trois.

On gagne donc de l'argent sur Internet en faisant le lien entre l'internaute et le service ou le produit final qu'on va lui donner envie de consommer.

Chaque site Internet qui veut gagner de l'argent a en quelque sorte la mission de rapprocher le visiteur de l'acte d'achat. La grande différence avec l'économie traditionnelle, c'est que quand on rentre dans une boutique physique, on en ressort une fois sur deux avec un produit alors que quand on surfe sur une boutique en ligne, dans 98 % des cas on entre et on ressort sans rien acheter !

À cause de ces taux de conversion faibles (2%), même les sites e-commerce dont la finalité première est de vous vendre des objets qu'ils ont en stock sont obligés de diffuser de la publicité qui vous fera probablement acheter leurs produits ailleurs.

Allez sur Amazon, Rue Du Commerce, Cdiscount, Pixmania, vous trouverez dans tous leurs rayons des bannières publicitaires et des liens sponsorisés qui vous feront consommer ailleurs. A priori plus de 95 % de leur chiffre d'affaires vient de la vente de leurs produits en ligne, mais ils ont considéré qu'il n'était pas idiot de tirer un revenu complémentaire à marge nette (pas de coût d'acquisition, ni de coût de stockage sur la publicité) sur les internautes de passage pour arriver à la rentabilité.

A contrario, si vous décidez de gagner de l'argent sur votre blog à forte audience, il y a fort à parier que vous tirerez plus de 80 % de vos revenus grâce à la publicité.

Pour diversifier vos revenus, vous pourrez aussi renvoyer une partie de votre audience vers des marchands grâce à l'affiliation (5 % de commission si la visite donne lieu à une vente), vendre vos propres produits à une sous-partie de cette audience sur des market places pour toucher au moins 50 % du produit de la vente, ou transformer vos visiteurs en vos propres clients et toucher 100 % des revenus si vous avez quelque chose à haute valeur ajoutée à leur vendre en physique : conseils, formation, organisation d'événement, …

Vous l'aurez compris Internet s'apparente beaucoup plus à un média qu'à une boutique et dans le monde des médias on gagne principalement de l'argent grâce à la publicité. Nous allons voir maintenant les différents mécanismes de monétisation que vous pouvez mettre en place sur votre blog.

Taux de conversion, panier moyen, commission : c'est quoi ça ?

Taux de conversion : c'est le nombre d'actions rapporté au nombre de visites. L'action peut être le remplissage d'un formulaire, le téléchargement d'une application, ou la vente d'un produit.

Panier moyen : c'est le montant moyen dépensé sur un site e-commerce. Chiffre d'affaires / nombre de commandes.

Commission : c'est le pourcentage que reçoit un intermédiaire lorsqu'il arrive à transformer un visiteur en acheteur.

Liens contextuels et Publicité display

Vous pouvez en passant par une régie publicitaire comme Google Adsense insérer dans vos articles de blogs deux types de formats publicitaires :

- des liens contextuels,

- des annonces display.

Nous détaillerons dans le prochain chapitre tous les aspects optimisation des annonces AdSense sur votre blog.

Liens contextuels : c'est quoi ça ?

Les robots de Google AdSense vont analyser le contenu textuel de votre page et vont afficher aux internautes des publicités au format texte qui sont dans le même champ lexical que votre article.

Exemple je parle d'une montre connectée, on m'affiche en fin d'article un lien ou un bloc de lien en rapports avec les montres.

- Le 25 octobre, j'ai pu retirer ma montre au bureau de Poste après avoir payer la taxe de 31 €

Pour commander la montre au meilleur prix, une seule adresse : https://getpebble.com/

Vous avez aimé cet article ?
» *Pebble SmartWatch : la meilleure montre connectée iPhone / Android*

Figure 19-1 : lien contextuel publicitaire AdSense

Dans ce modèle publicitaire, les annonces sont commercialisées au clic et vous ne touchez des revenus que si vos visiteurs cliquent sur ces annonces. Tout le jeu va consister à les afficher au plus près du contenu là où ça clique.

Publicité display : c'est quoi ça ?

Ce sont tous les formats visuels d'annonces publicitaires que l'on peut rencontrer sur Internet, on parle souvent de bannières. Le format d'annonce standard est le rectangle medium (300x250 pixels).

Ici la publicité peut être liée ou non à votre contenu et commercialisée au clic ou à l'affichage.

Quand la publicité n'est pas contextuelle, elle peut être aussi ciblée en fonction des comportements des internautes sur d'autres sites. Grâce aux cookies, les régies publicitaires savent tout de nos parcours et sont ainsi à même de nous afficher la publicité qui apportera le moins de déperdition sur le cœur de cible de l'annonceur.

Figure 19-2 : publicité display 300x250

Un annonceur crédit n'a pas en effet intérêt à être diffusé à un enfant dont la seule notion d'argent est limitée à ce que lui donnent ses parents pour acheter des bonbons après l'école.

Quid des bloqueurs de pub ?

Les bloqueurs de publicité sont une vraie menace pour la viabilité économique des éditeurs de contenu en ligne. AdBlock Plus est l'extension la plus téléchargée sur Firefox et Google Chrome.

À cause de cette extension, les utilisateurs ne voient plus les liens contextuels et les publicités display diffusés sur votre blog. En fonction de populations visées par votre blog, vous pouvez avoir de 10 % à 30 % d'utilisateurs qui ne voient pas vos publicités.

Si vous avez une audience technophile, vous perdrez potentiellement 1/3 de vos revenus publicitaires. Vous devrez songer à mettre en place d'autres systèmes de monétisation face à ces utilisateurs réfractaires : contenu à péage, affiliation, ou vente directe.

Autre solution possible : contacter AdBlock Plus en leur demandant de vous ajouter à leur whitelist, en faisant valoir que vous ne diffusez pas de publicités intrusives. Normalement, c'est gratuit pour les blogs.

Whitelist, blacklist : c'est quoi ça ?

Whitelist : liste blanche en français. C'est une sorte de liste d'exception qui agit en positif. Les éléments figurant dans la whitelist ne seront pas bloqués contrairement à la règle générale.

Blacklist : liste noire en français. C'est une sorte de liste d'exception qui agit en négatif. Les éléments figurant dans la blacklist feront l'objet d'un blocage.

Native Advertising

Face à la puissance des bloqueurs de publicité et l'arrivée à maturité des internautes (qui font maintenant la différence entre contenu éditorial et contenu publicitaire), de nouveaux formats publicitaires se rapprochant du contenu éditorial ont été imaginés.

Cela peut être des vidéos sponsorisées, des articles sponsorisés, ou des recommandations d'articles externes comme le font Outbrain et Taboola.

Ces formats mieux intégrés au contenu peuvent vous aider à améliorer la monétisation publicitaire de votre audience sans dégrader la qualité éditoriale de votre contenu.

Pour faire cela dans les règles, il faut en informer l'internaute en ajoutant la mention "article sponsorisé" et mettre en nofollow tous les liens sortant de l'annonceur pour ne pas prendre le risque de faire dépositionner son blog dans les résultats de recherche Google.

N'ayant aucun souci de monétisation avec AdSense, je n'ai pour ma part jamais testé sur mon blog ce type de publicités. Si les formats de type Outbrain et Taboola ne me paraissent pas rompre le contrat de confiance entre le blogueur et le lecteur (espace délimité), c'est un peu plus ambigu je trouve pour les articles sponsorisés.

L'Affiliation

L'affiliation est une relation entre un marchand (affilieur), un site Web tiers (affilié) et une plateforme d'affiliation. Le site Web tiers est chargé de faire la promotion des produits du marchand moyennant le versement d'une commission à chaque vente qui a pour origine le site de l'affilié.

Pour comptabiliser les ventes qui viennent de tel ou tel affilié et faire les bons reversements, l'affilié ajoute un code de tracking qui lui est propre à ses liens d'affiliation.

Il peut être intéressant d'avoir recours à l'affiliation sur les articles ou tutoriels où vous invitez à la fin le lecteur à acheter tel ouvrage ou tel accessoire pour être dans la même configuration que vous.

Quels tags NFC acheter ?

Vous êtes équipés d'un mobile NFC Android, vous pouvez dores et déjà interagir avec votre environnement grâce aux tags NFC. Il en existe de 2 sortes :

- les Milfare 1K
- les NTAG203

Le NTAG203 est compatible avec tous les smartphones équipés du NFC, préférez donc ce format. Pour démarrer, je vous recommande d'acheter ce pack de 5 tags NFC sur Amazon à 9€ (ceux sont que j'utilise dans le tuto)

Figure 19-3 : lien amazon affilié tag NFC

Un lien affilié sera toujours plus précis qu'une publicité, mais contrairement à la publicité vous n'êtes payé que si le lecteur achète en suivant votre lien. On abordera en détail la façon d'optimiser vos liens d'affiliation dans le chapitre 22 (Gagner de l'argent avec Amazon).

E-commerce

Pour garder une fraction plus grande de la valeur, vous pouvez aussi envisager de vendre vos propres produits sur votre site. L'e-commerce c'est un vrai métier, il faut donner confiance au client, gérer la sécurisation des paiements, l'acheminement du produit, le service après-vente etc...

Je ne suis pas sûr que cela vaille le coup de mettre en place une solution d'e-commerce type Prestashop si au final le client n'a pas confiance dans votre capacité à livrer le produit qu'il souhaite à bon port et dans le bon timing.

Je vous recommande de passer plutôt par des places de marché comme Amazon ou Etsy qui ont l'expertise sur le sujet et qui peuvent en plus vous apporter des ventes en provenance directe de leur site.

Inbound Marketing

Si vous voulez vendre un produit ou un service à haute valeur ajoutée comme une formation, du consulting, une application, un site internet, il est beaucoup plus efficace et moins coûteux d'offrir un contenu gratuit au plus grand nombre et d'essayer de convertir une petite fraction des utilisateurs en clients qui payent (inbound marketing : marketing entrant) plutôt que d'aller acheter des campagnes display ou de liens sponsorisés (outbound marketing : marketing sortant).

Si je n'avais pas un job à temps plein à côté de mes activités de blogging, c'est certainement un axe de diversification de mes revenus que je tenterai.

Avec ce livre, je me contente de le faire à une petite échelle. Avant de l'acheter, vous êtes certainement tombé sur un de mes articles de blog sur BlogBuster.fr, vous en avez lu d'autres, vous vous êtes abonné à ma newsletter pour avoir les 9 premiers chapitres gratuits et vous avez finalement consenti à payer quelques euros pour avoir la copie complète qui vous apprend à faire connaître votre blog et à gagner de l'argent avec.

À retenir et aller plus loin

Je vous recommande de consulter sur BlogBuster.fr mon infographie Gagner de l'Argent avec un Blog (**http://jbv.ovh/bbs-62)**

20- GAGNER DE L'ARGENT AVEC ADSENSE?

Si vous ne payez pas le service, c'est que vous êtes le produit.
Andrew Lewis

Sur Internet comme sur les médias traditionnels (TV, radio, presse), le contenu est principalement financé par la publicité. Si vos articles se positionnent bien sur le moteur de recherche Google et que vous installez au bon endroit les blocs de publicité AdSense (régie de Google), vous toucherez à chaque nouvel article une rémunération qui s'étalera dans le temps.

Plusieurs raisons me font dire qu'AdSense est la meilleure régie publicitaire pour un blog :

* Ouvert à tous les sites quel que soit leur niveau d'audience.
* Régie qui a le plus grand nombre d'annonceurs.
* Si la publicité est bien intégrée, vous aurez des niveaux de monétisation pour 1 000 publicités affichées (CPM ou RPM) plus élevées que sur les autres régies.
* C'est une offre de Google avec la solidité de cette entreprise mondiale.
* Vous êtes payés par virement chaque 20 du mois pour l'activité du mois précédent.

Nous allons voir dans ce chapitre de façon pratique comment créer un compte AdSense, comment créer des blocs d'annonces, quels formats privilégier, où les placer dans la page et comment vérifier la performance de ces blocs.

Créer un compte AdSense

Pour créer un compte Google AdSense, vous devez disposer au préalable d'un compte Google. Une fois en possession de votre compte Google, connectez-vous à cette page pour créer votre compte AdSense : **http://www.google.com/adsense/start/**

Figure 20-1 : creation d'un compte AdSense

Vous devrez alors donner à Google :

- l'adresse de votre site Web principal,
- votre adresse postale,
- vos informations bancaires pour toucher vos revenus par virement.

Créer des blocs d'annonces

Une fois votre compte AdSense initialisé, vous pourrez générer vos blocs d'annonces publicitaires depuis Mes annonces > Nouveau bloc d'annonces.

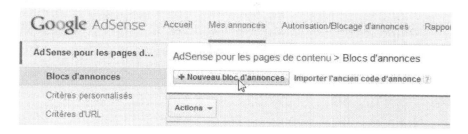

Figure 20-2 : création d'un bloc AdSense

Vous pouvez diffuser sur une page jusqu'à 3 blocs d'annonces publicitaires AdSense.

Figure 20-3 : insertion de blocs AdSense

Avant de créer vos blocs d'annonces, vérifiez que vous avez l'espace suffisant pour les insérer dans votre blog et utiliser de préférence les formats standards IAB suivants :

- 300×250 px.
- 728×90 px.
- 160×600 px.

Si vous voulez maximiser vos chances d'accueillir des publicités visuelles sur votre site, Il est de votre intérêt de vous caler sur ce qu'utilisent le plus souvent les annonceurs.

En plus de ces formats standards, vous pouvez utiliser en fin d'article le format 336x280 qui est capable d'accueillir des rectangles medium 300x250 ainsi que des liens textes plus larges.

Si vous avez des audiences mobiles conséquentes, vous pouvez également utiliser les formats d'annonces suivant :

- 320x50 (pour le haut de page).
- 320x100 (pour le bas de page).

Quand vous ajoutez vos blocs d'annonces AdSense sur votre site, choisissez donc une de ces six tailles et cochez bien textuel et illustrée (pour être aussi présent sur les annonces visuelles), et ajoutez des critères personnalisés visibles côté agences / annonceurs (il vaut mieux les mettre en anglais car budgets internationaux) et nettoyez tout ce qui est bordures et couleurs de fond quand ça passe en annonces textuelles.

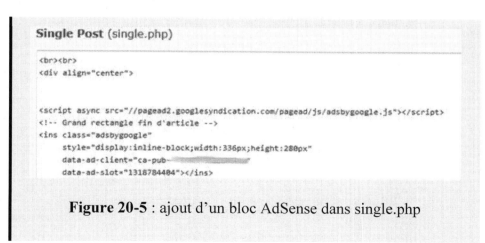

Figure 20-4 : paramétrage d'un bloc AdSense

Insérer les blocs d'annonces

Une fois le bloc d'annonces créé, Google générera pour vous un code HTML à copier-coller dans votre barre de widgets ou dans le template générique de votre article (fichier single.php si vous êtes sur WordPress).

Single Post (single.php)

```
<br><br>
<div align="center">


<script async src="//pagead2.googlesyndication.com/pagead/js/adsbygoogle.js"></script>
<!-- Grand rectangle fin d'article -->
<ins class="adsbygoogle"
     style="display:inline-block;width:336px;height:280px"
     data-ad-client="ca-pub-_____"
     data-ad-slot="1318784484"></ins>
```

Figure 20-5 : ajout d'un bloc AdSense dans single.php

Avec Google AdSense, vous avez plus de chances d'avoir des annonces vendues aux clics que des annonces vendues à l'affichage. Pas de clic, pas d'argent pour vous, il est donc de votre intérêt de positionner les blocs d'annonces là où ils sont vus.

Figure 20-6 : bloc AdSense inséré en fin d'article dans le prolongement de la zone de lecture

Plus les publicités seront proches du contenu de votre article (là où se concentre l'attention du lecteur), plus elles seront vues et généreront des clics.

Quelques précisions supplémentaires :

- Votre bloc d'annonces cliquera mieux s'il se trouve au-dessus de la ligne de flottaison (haut de votre page visible tout de suite sans scroll).
- Comme le premier bloc d'annonces qui se charge sur votre page aura toujours les enchères aux clics les plus élevés,

assurez-vous que c'est bien le bloc qui enregistre les meilleurs taux de clic.

Mesurer et optimiser les performances des publicités

En vous connectant à votre tableau de bord AdSense, vous voyez d'un coup d'œil vos revenus du jour, des 7 derniers jours, du mois. On vous affiche également des conseils d'optimisation pouvant vous aider à augmenter sensiblement vos revenus.

Figure 20-7 : conseil d'optimisation AdSense

Ci-dessus, Google m'informe qu'en changeant le bloc d'annonces 300x250 de fin d'article par un bloc 336x280, je multiplierai les revenus de cet emplacement par deux.

Si vous souhaitez avoir un suivi plus fin de la performance de vos annonces publicitaires, allez dans Rapports sur les performances.

Vous verrez ainsi pour chaque bloc d'annonces, format d'annonces, partie de votre site, quels sont :

- Vos revenus.
- Vos pages vues ou impressions publicitaires.
- Vos clics publicitaires.
- Vos taux de clic (CTR) par page : si vous avez des CTR > 1 %, c'est bien.
- Vos coûts par clic (CPC) moyens : combien d'argent vous touchez quand quelqu'un clique sur une pub. Si vous avez des CPC > 0,10 €, c'est bien.
- Vos revenus pour mille affichages (RPM) : c'est l'équivalent du CPM, si vous avez des RPM > 2 €, c'est bien.

PAP, Clics, CTR, CPC, Revenus, RPM : c'est quoi ça ?

PAP (ou pages vues avec publicités) : Si vous diffusez sur toutes vos pages des blocs d'annonces AdSense, votre nombre de pages vues avec publicité issu d'AdSense sera égal au nombre de pages vues de votre site (Analytics). Si vous avez 3 blocs d'annonce sur une même page, on comptera une page vue avec publicités et 3 impressions publicitaires.

CTR (ou taux de clic) : le taux de clic (Click Trough Rate en anglais) mesure le nombre de clics publicitaires sur le nombre de pages vues avec publicité. Plus vos annonces publicitaires seront visibles et en adéquation avec les centres d'intérêt de vos lecteurs, plus les taux de clic seront élevés.

Clics (clics publicitaires) : c'est le nombre de fois où vos visiteurs ont cliqué sur vos annonces AdSense. Clics = PAP x CTR.

CPC (coût par clic) : C'est le prix qu'est prêt à payer un annonceur pour un clic sur une de vos annonces. Les prix varient en fonction des taux de conversion observés sur les mots-clés liés à vos annonces et du panier moyen de l'acheteur après conversion. Un clic sur une annonce qui vous fait acheter un voyage aura un CPC beaucoup plus élevé qu'un clic sur une annonce qui vous fait acheter un e-book.

Revenus : c'est le montant des revenus publicitaires avant cotisations et impôts que vous allez toucher. Quand un annonceur paye 100 sur AdSense, Google vous reverse 68 (68 % de taux de partage). Dans l'interface AdSense de base (hors comptes premiums), les revenus affichés correspondent aux revenus après partage. Revenus = Clics x CPC.

RPM page : c'est le revenu pour 1 000 pages vues avec publicité. C'est exactement la même chose que l'eCPM (coût pour mille effectif). RPM = Revenus / 1 000.

Comment transformer des pages vues en revenus ?

Pour générer des revenus, il faut arriver à transformer des pages vues avec publicités en clics.

Revenus = PAP (audience) x CTR (visibilité et pertinence des annonces) x CPC (conversion et panier moyen).

Indicateurs	▼	Valeurs	▼
Pages Vues / affichages avec pub		300 000	
CTR (taux de clics)		2%	
clics		6 000	
CPC (coût par clic)		0,15 €	
eCPM (revenus pour 1 000 affichages)		3,0	
Revenus		900 €	

Figure 20-8 : des pages vues aux revenus

Il faut faire beaucoup de pages vues

Sans un minimum de pages vues, AdSense ne vous rapportera jamais d'argent. C'est pour cela que j'ai dédié dans ce livre une partie entière à la création d'audience. Imaginez que chaque jour 5 000 visiteurs se rendent sur votre blog et qu'ils affichent en moyenne 2 pages avec des blocs d'annonce dessus, vous réaliserez à la fin du mois 300 000 pages vues avec publicité.

Il faut que vos publicités soient vues

Si vous n'avez qu'un petit bloc publicitaire, situé sous la ligne de flottaison, AdSense ne fera pas de miracles. Si vous cachez votre publicité, vos visiteurs ne vont pas s'amuser à la trouver pour vous. Mettez 3 bons blocs en haut (728x90), à droite (300x250) et en bas de l'article (336x280), AdSense affichera des annonces pertinentes autour de votre article et vos visiteurs cliqueront dessus.

Il faut que vos articles se positionnent sur des sujets qui invitent à l'action

Si le clic que vous renvoyez vers un annonceur ne lui permet pas d'avoir un retour sur investissement, il fera en sorte de ne plus apparaître chez vous. Les annonceurs Adwords qui diffusent des publicités sur le réseau AdSense savent précisément quels mots-clés et sites leur permettent de générer des ventes. Plus le panier moyen de l'annonceur est élevé, plus celui-ci est prêt à acheter son clic cher.

Si vous partagez sur votre blog des poèmes, des photos de chatons, ou des gifs animés, ça n'invitera pas le lecteur à l'action. En revanche, si vous partagez des tests de smartphones, des conseils voyages, ou des comparatifs de produits cosmétiques, vous serez bien placé dans le parcours d'achat de vos visiteurs. Si votre visiteur est à la recherche de conseils, il sera beaucoup plus enclin à acheter.

Comment bloquer des pubs ?

Il se peut que certaines annonces diffusées sur votre site vous dérangent (sites de rencontres, toolbars, sectes, logiciels de téléchargement illégaux), vous pouvez dans "Autorisation / Blocage des annonces" mettre en liste noire les URL des sites qui vous dérangent.

Ou même bloquer toute une catégorie d'annonceurs. Pour vous éviter de perdre une part significative de vos revenus, Google vous rappelle combien vous rapporte chaque catégorie d'annonceur.

Je peux savoir par exemple que la catégorie ordinateurs et électronique grand public génère 50 % de mes revenus publicitaires. Si je me mettais à la mettre en liste noire, je diviserai donc mes revenus par deux.

Respectez toujours les guidelines Google

Au moment de la création de votre compte, Google vous rappelle les règles de son programme :

- Je ne cliquerai pas sur mes annonces et je n'encouragerai personne à le faire.
- Je ne diffuserai pas d'annonces sur des sites dont le contenu est réservé aux adultes, y compris sur des sites pornographiques.
- Je ne diffuserai pas d'annonces sur des sites distribuant des contenus protégés par des droits d'auteur.
- Je ne diffuserai pas d'annonces sur des sites dont le contenu encourage les internautes à cliquer sur celles-ci.

Respectez ces règles scrupuleusement si vous ne voulez pas prendre le risque de bloquer la diffusion des publicités sur votre site ou d'être banni du programme.

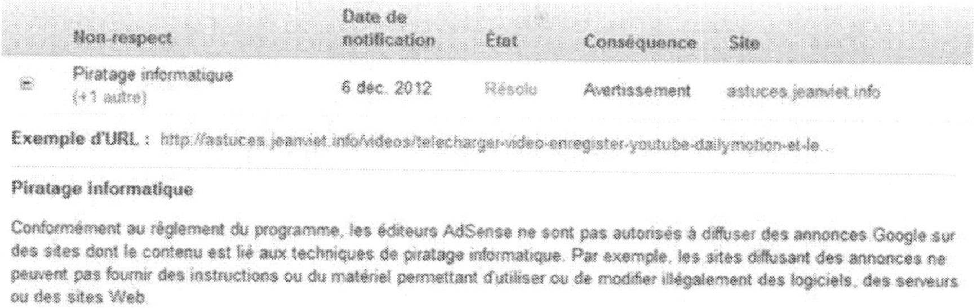

Non-respect	Date de notification	État	Conséquence	Site
⊟ Piratage informatique (+1 autre)	6 déc. 2012	Résolu	Avertissement	astuces.jeanviet.info

Exemple d'URL : http://astuces.jeanviet.info/videos/telecharger-video-enregister-youtube-dailymotion-et-le...

Piratage informatique

Conformément au règlement du programme, les éditeurs AdSense ne sont pas autorisés à diffuser des annonces Google sur des sites dont le contenu est lié aux techniques de piratage informatique. Par exemple, les sites diffusant des annonces ne peuvent pas fournir des instructions ou du matériel permettant d'utiliser ou de modifier illégalement des logiciels, des serveurs ou des sites Web.

Figure 20-9 : Avertissement AdSense pour non-respect des règles

Si Google vous envoie un avertissement sur un contenu litigieux (fig. 20-8), agissez rapidement en supprimant les publicités sur les pages qui posent problème.

À retenir

Pour monétiser facilement votre audience, je vous recommande de créer un compte AdSense. Vous pourrez ensuite créer des blocs d'annonces que vous intégrerez au plus près du contenu de vos articles pour maximiser la performance des espaces publicitaires.

Aller plus loin

Créez un compte AdSense (**http://jbv.ovh/bbs-63**) et lisez les différents conseils distillés sur l'aide en ligne (**http://jbv.ovh/bbs-64**) et sur le blog Inside AdSense (**http://adsense-fr.blogspot.fr/**).

21- AUGMENTER SON AUDIENCE ET SES REVENUS

Une mesure exacte vaut l'avis d'un millier d'experts.
Grace Hopper

Maintenant que vous avez un blog dont les articles sont bien référencés dans Google, que vous connaissez l'audience de chaque article et que vous commencez à toucher vos premiers euros AdSense, vous allez pouvoir analyser de manière fine pour chaque article :

- Les mots-clés sur lesquels il se positionne grâce à Webmaster Tools.
- L'audience qu'il réalise grâce à Google Analytics.
- Les revenus qu'il génère grâce à AdSense.

Grâce à ses 3 outils, vous allez pouvoir piloter à la performance la croissance de votre blog :

- Vous multiplierez les petits articles rapides sur ce qui intéresse vos lecteurs.
- Vous développerez des articles de fond sur les sujets qui monétisent le mieux.
- Vous envisagerez de nouvelles pistes de monétisation pour les articles à faible valorisation publicitaire.

Liez votre compte AdSense à Google Analytics

Grâce à Google Analytics, vous avez une vision exhaustive des articles qui fonctionnent ou qui ne fonctionnent pas en termes de fréquentation, mais vous ne savez absolument pas s'ils ont un bon taux de monétisation AdSense.

On peut savoir cela facilement en liant son compte Google Analytics à son compte AdSense. Par défaut les 2 ne sont pas liés. Vous avez bien une entrée Comportement > AdSense dans Google Analytics, mais tant que les 2 outils ne sont pas liés, vous ne verrez qu'une invitation à lier vos comptes.

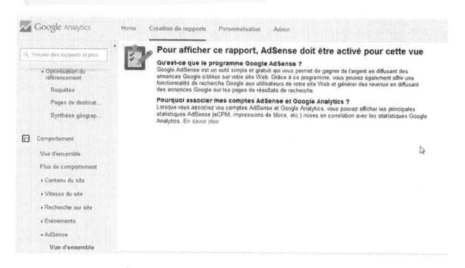

Figure 21-1 : liaison Analytics / AdSense

Google donne les instructions complètes pour faire l'association :

Dans Google AdSense, cliquez sur l'icône en forme de roue dentée, puis sélectionnez Paramètres dans la liste déroulante.

Dans la barre latérale, sélectionnez Accès et autorisations, puis cliquez sur Intégration de Google Analytics.

Sur la page "Intégration de Google Analytics", cliquez sur Associer à côté du compte Google Analytics que vous souhaitez associer à votre compte AdSense. Une nouvelle fenêtre s'ouvre et vous êtes redirigé vers votre compte Google Analytics.

Dans Google Analytics, cliquez sur Associer les comptes.

Dans la boîte de dialogue qui s'affiche, spécifiez votre propriété Google Analytics principale, ainsi que vos vues, puis cliquez sur Continuer.

La liste de vos propriétés Google Analytics principaux et secondaires apparaît dans l'onglet AdSense et vos comptes AdSense et Google Analytics sont à présent associés.

> Si votre blog n'est pas votre site principal Google Analytics, il vous faudra aller dans l'admin de Google Analytics > Association AdSense pour récupérer un extrait de code HTML à rajouter dans le haut de page de votre blog (ficher header.php sous WordPress, code à insérer avant la balise fermante </head>)

Une fois l'association faite, 24 heures après, vous aurez accès pour chacun de vos articles aux métriques AdSense suivantes :

- Revenu en $.
- Clics.
- Taux de clic.
- eCPM.
- Annonces vues.
- Pages vues.

Vous verrez que certains articles avec une audience moyenne ou un contenu pauvre peuvent rapporter parfois plus d'argent que vos articles de fond à fréquentation plus forte.

Quels sont mes articles les plus consultés et pourquoi ?

Pour connaître vos articles les plus consultés, allez dans Google Analytics > Comportement > Contenu du site > Toutes les pages et filtrer par Titre de page.

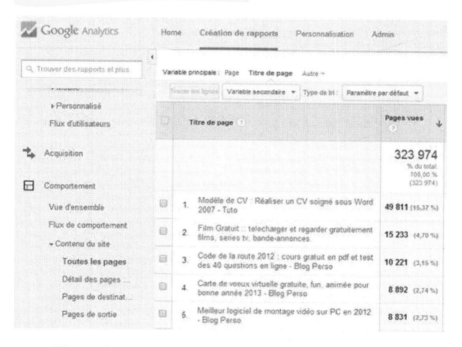

Figure 21-2 : articles les plus consultés dans Analytics

Vous aurez un classement de vos articles les plus consultés. Pour savoir comment un article construit son audience, cliquez dessus et dans variable secondaire, filtrez par Acquisition / source / support.

Figure 21-3 : source de trafic d'un article (Analytics)

Quand vous avez beaucoup de trafic Google comme ci-dessus, allez jeter un œil sur Webmaster Tools pour comprendre si c'est du trafic Web ou image et sur quels mots-clés vous sortez.

J'apprends alors que mon article reçoit du trafic sur des recherches assez populaires.

Page	Impressions	Clics ▲
▼ /bureautique/realiser-un-cv-soigne-sous-word-2007.htm ⎘	964 585	35 822
exemple de cv	74 690	1 800
cv type	7 670	902
modele de cv	21 924	789
comment faire un cv	23 710	758
exemple cv	25 616	733
modele cv	26 159	700

Figure 21-4 : mots clés apporteurs de trafic sur Google
(Webmaster Tools)

Et en filtrant sur Google Images.

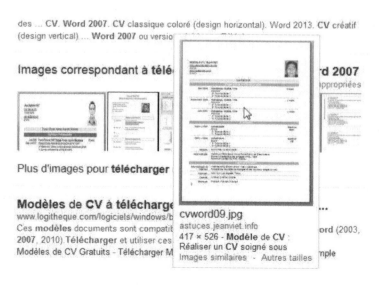

Figure 21-5 : trafic issu de Google Images (Webmaster Tools)

Je me rends compte c'est 98 % de mon trafic. Pas étonnant, mon modèle de CV Word apparaît souvent dans le bloc images de Google.

Figure 21-6 : mon CV word sur Google Images

Et pourquoi ? Parce que les éléments de l'image ont été optimisés en suivant les conseils référencement de Google présentés dans le chapitre 14 :

- Balise alt qui contient modèle de CV word.

- Image qui s'appelle CV Word.

- Contexte de l'article et texte qui précède qui contient le texte modèle de CV word.

Quels sont mes articles les plus rémunérateurs et pourquoi ?

Pour connaître vos articles les plus rémunérateurs, c'est-à-dire ceux qui génèrent le plus d'argent pour un même nombre d'affichages, il faut naviguer depuis Google Analytics dans Comportement > Adsense > Pages Adsense.

Vous pourrez classer vos articles par revenus, taux de clic (CTR), ou eCPM (revenus pour 1 000 affichages) décroissant pour vous faire une idée de ceux qui monétisent le mieux.

Analysons ensemble un article et un tutoriel qui sont dans le top 5 des audiences de Jeanviet.info :

- CV Word (dont on a décortiqué l'audience avant).
- Code de la route.

Comme dans les CGU d'AdSense (article 9), il est strictement interdit de communiquer de manière précise sur les statistiques de vos blocs publicitaires, nous allons faire l'analyse sur ces 2 contenus avec des indices base 100.

Voici ce que cela donne graphiquement avec tous les indicateurs de monétisation à 100 pour "CV Word" et l'audience à 100 pour "code de la route".

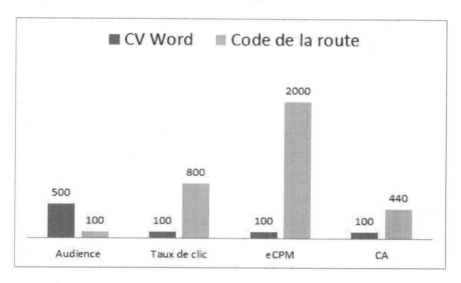

Figure 21-7 : CV Word vs Code de la route

CV Word fait 5 fois plus d'audience que code de la route, mais code de la route fait 4,4 fois plus de revenus AdSense. Étonnant non ?

Il y a 2 explications principales à cela :

- Un clic code de la route vaut plus cher qu'un clic CV word.

- Une visite issue de Google images a de très mauvais taux de clic publicitaire.

Un clic code de la route vaut plus cher qu'un clic CV word

Comme le panier moyen pour s'inscrire à un service de test de code de la route (30 €) est beaucoup plus élevé que le panier moyen pour acheter un service de création de CV en ligne (5 €), les annonceurs seront prêts à payer votre clic 6 fois plus cher.

Une visite issue de Google images a de très mauvais taux de clic publicitaire

Le trafic du tutoriel CV Word vient essentiellement de Google images et donc l'internaute arrive sur une page image qui charge la pub en tâche de fond (la page vue est comptée), mais celle-ci n'est pas cliquable tout de suite.

Figure 21-8 : page d'atterrissage Google Images

On ne peut potentiellement cliquer dessus que si on ferme l'aperçu image. D'où cette audience Google images qui n'est pas optimale pour monétiser son contenu. Car les internautes qui ferment l'aperçu image sont beaucoup moins nombreux.

Comment "semi-automatiser" ma production de contenus ?

Les sites qui reçoivent le plus de trafic de Google sont ceux en général qui arrivent à répondre aux multiples questions des internautes, c'est-à-dire à positionner des milliers de pages dans les résultats de Google.

C'est ce qu'on appelle la longue traîne, terme qui a été théorisé dans le livre éponyme The Long Tail de Chris Anderson.

Figure 21-9 : la longue traîne d'articles de blog

Oubliez la règle des 80/20 qui voudrait que 20 % des articles génèrent 80 % de l'audience. Sur internet, où les ressources en information sont sans limite, on est plutôt pour un site dans ce genre de distribution de l'audience :

- 10 articles phares qui génèrent 20 % de l'audience (les BlogBusters), partons sur 10 articles qui génèrent 20 visites / jour en moyenne (200 visites).

- 400 pages qui génèrent 80 % de l'audience (la longue traîne), soit 2 visites / jour en moyenne par page (800 visites).

Si vous voulez que l'audience de votre blog décolle il faut réussir à créer plein de contenus connexes à vos articles qui se positionnent sur les recherches longue traîne des internautes.

Sur Jeanviet.info, j'ai réussi l'exercice en créant des entrées sites favoris et logiciels pointés depuis mes articles de blogs.

FoxyProxy

Extension FoxyProxy qui permet de définir une adresse proxy en fonction d'une url... Utile quand on veux regarder des sites web résérvés aux américains et continuer à avoir un surf normal sur les autres sites (sans proxy)

télécharger FoxyProxy

téléchargement FoxyProxy : 113560 fois | tout sur FoxyProxy | tutoriel FoxyProxy

Figure 21-10 : entrée *extension firefox FoxyProxy sur Jeanviet*

À chaque fois c'est une nouvelle page à indexer pour Google, ça me prend 5 minutes à rédiger (entre 50 et 100 mots maximum) et comme il y a peu de texte à lire, la publicité autour fonctionne plutôt bien.

Pour le blog BlogBuster.fr, j'ai eu recours à une pratique similaire, les contenus connexes aux articles sont cette fois des plugins WordPress et des définitions Webmarketing.

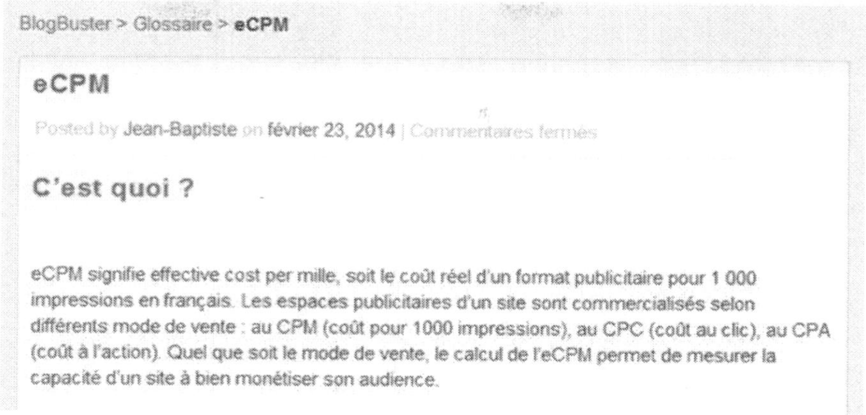
BlogBuster > Glossaire > **eCPM**

eCPM

Posted by Jean-Baptiste on février 23, 2014 | Commentaires fermés

C'est quoi ?

eCPM signifie effective cost per mille, soit le coût réel d'un format publicitaire pour 1 000 impressions en français. Les espaces publicitaires d'un site sont commercialisés selon différents mode de vente : au CPM (coût pour 1000 impressions), au CPC (coût au clic), au CPA (coût à l'action). Quel que soit le mode de vente, le calcul de l'eCPM permet de mesurer la capacité d'un site à bien monétiser son audience.

Figure 21-11 : entrée *definition eCPM sur BlogBuster*

> Pour créer ce type de pages dans WordPress, vous pouvez utiliser les 2 plugins suivants :
>
> - Annuaire d'outils / sites : Business Directory Plugin
> - Glossaire : CM Tooltip Glossary

Développer le qualitatif sur les articles à fort taux de rémunération

Une fois que vous aurez la connaissance des sujets sur votre blog qui monétisent le mieux, privilégiez ce type de sujets pour vos articles qualitatifs ou vos tutoriels qui vous demanderont quatre à cinq heures de préparation.

J'ai pris ce temps pour mon article code de la route et en un an d'exploitation publicitaire, l'article m'a permis de couvrir entièrement mes frais d'auto-école (forfait permis conduite supervisée avec code et 25 heures de conduite).

À retenir

Liez votre compte Google Analytics à votre compte Google AdSense pour savoir précisément combien d'argent vous rapporte chacun de vos articles.

Aller plus loin

Quelques articles, livres, outils que je vous recommande pour développer votre audience et vos revenus en ligne :

- Compte rendu journée Learn With Google
  http://jbv.ovh/bbs-65

- Chris Anderson : Livre The Long Tail
  http://jbv.ovh/bbs-66

- CM Tooltip Glossary : **http://jbv.ovh/bbs-67**

- Business Directory Plugin : **http://jbv.ovh/bbs-68**

22- GAGNER DE L'ARGENT AVEC AMAZON

Tout le monde vit de la vente de quelque chose
Robert Louis Stevenson

Je n'ai pas de boutique en ligne et malgré tout j'arrive chaque mois à vendre sur Jeanviet.info des produits divers et variés issus du site Amazon. Je pratique ce qu'on appelle de l'affiliation.

Un internaute arrive sur mon blog parce qu'il veut connecter son iPad à sa télévision, je lui donne toutes les instructions pour faire ça correctement, problème il n'a pas le câble MC748ZM/A officiel d'Apple pour aller au bout du tutoriel.

Plutôt que de l'envoyer dans un magasin physique qui n'aura pas l'objet en stock, je le renvoie alors sur Amazon. S'il achète le câble après avoir cliqué sur mon lien, Amazon me reversera 5 % du produit de la vente.

Je vais détailler de façon pratique dans ce chapitre comment devenir affilié chez Amazon, mettre en place des liens d'affiliation sur ses articles et vérifier que tout ceci génère bien des ventes.

Créer un compte Amazon Affilié

Pour devenir affilié chez Amazon, vous devez :

- avoir déjà un compte Amazon,
- vous inscrire sur le site Club Partenaires Amazon.

Figure 22-1 : page Club Partenaires Amazon

Une fois inscrit, vous pourrez définir votre méthode de réception des commissions (virement bancaire ou chèque cadeau Amazon) et créer vos premiers liens d'affiliation.

Créer des liens d'affiliation Amazon

Pour générer sur votre blog des liens d'affiliation vers des produits Amazon, il suffit de vous connecter à votre compte Amazon, de chercher le produit que vous voulez mettre en avant sur votre blog et de cliquer en haut à gauche sur « faire un lien vers cette page ».

Figure 22-2 : créer un lien Amazon affilié

Vous pourrez générer un lien Amazon qui contient votre code affilié (pour moi c'est jeanvietinfo-21) dans différents formats : bannière, image, ou lien texte.

Personnalisez et obtenez votre HTML

Construire un lien vers une page spécifique provenant d'Amazon en utilisant les outils ci-dessous.

Identifié comme jeanvietinfo-21 ▼   ID de suivi jeanvietinfo-21 ▼

| Texte et Image | Texte uniquement | Image uniquement |

1. Personnaliser le lien

Taille: Image de petite taille ▼

2. Prévisualiser

Figure 22-3 : personnaliser son lien Amazon

Exemple d'URL contenant mon code affilié :

http://www.amazon.fr/gp/product/B00AMGGGS2/ref=as_li_s s_il?ie=UTF8&camp=1642&creative=19458&creativeASIN=B00 AMGGGS2&linkCode=as2&tag=jeanvietinfo-21

En pointant ce lien depuis mon blog ou ailleurs, si quelqu'un clique et achète, Amazon reconnaît que c'est le partenaire jeanvietinfo-21, donc il saura que la vente vient bien de moi et me reversera comme à un vendeur une commission de 5 % du prix d'achat.

Insérer les liens d'affiliation dans vos articles

Pour que vos liens Amazon génèrent des clics sur votre blog et des ventes sur Amazon il faut toujours les rattacher à un contexte d'usage. N'essayez pas de mettre des liens vers des MacBook pro partout sur vos pages parce qu'il vaut 1 000 € et que 5 % de 1 000 €, ça fait 50 €. Cela ne fonctionnera pas !

Pour générer des clics et des ventes, plusieurs ingrédients sont nécessaires :

- Il faut posséder et apprécier les produits qu'on met en avant.

- Il faut montrer à vos visiteurs à travers un article ou un tutoriel le bénéfice utilisateur.

- Il faut que le site vers lequel vous renvoyez donne confiance et ait un bon parcours de commande (d'où le choix d'Amazon), pour maximiser vos taux de conversion.

- Il faut que les produits soient nettement moins chers qu'en grande surface, sinon pourquoi irai-je les acheter en ligne ? (Amazon est souvent très bon sur le prix), ou qu'ils ne soient pas disponibles en grande surface.

Exemple de deux mises en avant qui fonctionnent bien sur Jeanviet.info.

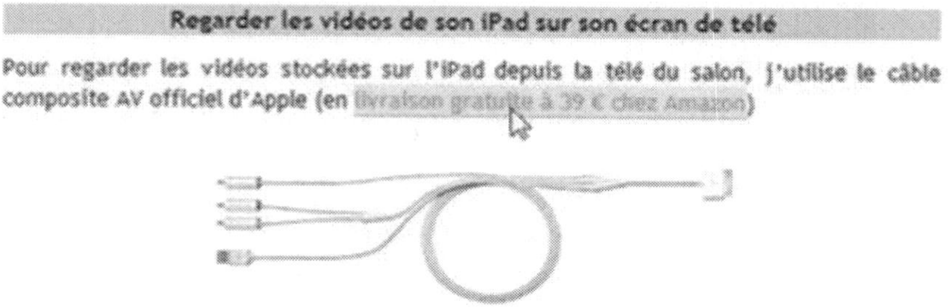

Regarder les vidéos de son iPad sur son écran de télé

Pour regarder les vidéos stockées sur l'iPad depuis la télé du salon, j'utilise le câble composite AV officiel d'Apple (en livraison gratuite à 39 € chez Amazon)

Figure 22-4 : lien cable TV iPad

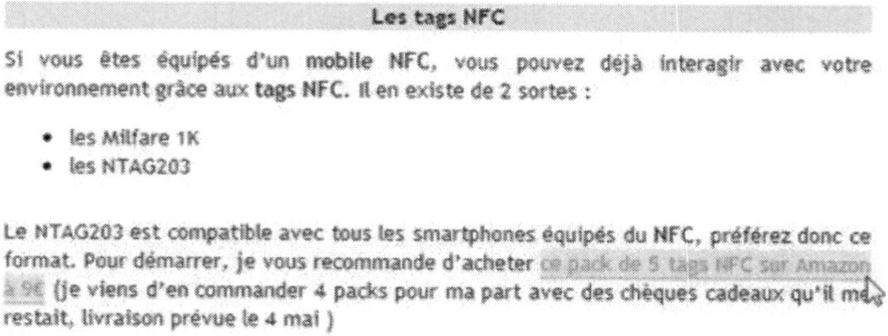

Les tags NFC

Si vous êtes équipés d'un mobile NFC, vous pouvez déjà interagir avec votre environnement grâce aux tags NFC. Il en existe de 2 sortes :

- les Milfare 1K
- les NTAG203

Le NTAG203 est compatible avec tous les smartphones équipés du NFC, préférez donc ce format. Pour démarrer, je vous recommande d'acheter ce pack de 5 tags NFC sur Amazon à 9€ (je viens d'en commander 4 packs pour ma part avec des chèques cadeaux qu'il me restait, livraison prévue le 4 mai)

Figure 22-5 : lien tags NFC

Mesurer ses performances

Voici à titre indicatif mon top 3 des meilleures ventes :

- Pack de Tags NFC, j'en vends une dizaine par mois grâce à ce tutoriel : **http://jbv.ovh/bbs-69**.

- Câble TV iPad, j'en vends 1 ou 2 par mois grâce à ce tutoriel : **http://jbv.ovh/bbs-70**.

- Pack Office, j'en vends 1 tous les 2 mois grâce à mes nombreux tutoriels bureautique.
  http://astuces.jeanviet.info/bureautique

Pour suivre les clics réalisés sur vos liens, les commandes qui en découlent, les taux de conversion, naviguez dans le club partenaires jusqu'à l'onglet rapport.

Figure 22-6 : suivi des ventes Amazon

Au 1er trimestre 2014, mon blog a permis à Amazon de générer 41 ventes sur 491 clics. Soit un taux de conversion de 8,35 % qui est 4 fois supérieur à la moyenne observée sur l'ensemble des sites e-commerce français.

Résumé des clics & des conversions	Glossaire
1 janvier 2014 à 31 mars 2014	
Clics liens produits	450
Autres clics	41
Total des clics	491
CONVERSION TOTALE	8,35%

Figure 22-7 : suivi des conversions Amazon

À retenir

Vous pouvez gagner de l'argent en recommandant sur votre blog des produits commercialisés par Amazon. Vous gagnez l'argent si vos visiteurs achètent les produits que vous mettez en avant. Si un produit est requis pour profiter pleinement d'un conseil que vous prodiguez sur un de vos articles de blog et que celui-ci n'est disponible qu'en ligne, vous aurez de grandes chances de convertir vos lecteurs en acheteurs.

Aller plus loin

Pour devenir affilié chez Amazon, vous devez :

- être client Amazon,
  http://www.amazon.fr/

- vous s'inscrire sur le site Club Partenaires Amazon.
  https://partenaires.amazon.fr/

23- GAGNER DE L'ARGENT AVEC YOUTUBE

Un bon croquis vaut mieux qu'un long discours.
Napoléon

Le trafic de votre blog vient de Google. Plus de 90 % du chiffre d'affaires de Google repose sur les annonces publicitaires qu'il diffuse chez vous et sur ses sites propriétaires (Google.fr, YouTube, Maps).

Quand la publicité est diffusée sur Google.fr, tous les revenus lui reviennent, quand elle est diffusée sur YouTube, vous touchez 45 % des revenus publicitaires en tant qu'éditeur car Google s'occupe de la diffusion de la vidéo, quand c'est sur votre blog, vous captez 68 % des revenus publicitaires car vous êtes éditeur et diffuseur.

Pour maximiser ses revenus, Google fait tout pour que l'internaute reste chez lui, quand vous ne faites pas de recherche sur Google, vous pouvez aussi :

- téléphoner depuis un smartphone Android (l'OS de Google),

- consulter un site internet depuis Chrome (le navigateur de Google),

- consulter vos mails sur Gmail (la messagerie de Google),

- naviguer grâce à Google maps (le GPS de Google),

- stocker vos photos sur Google+ (le réseau social de Google),

- consulter un blog Blogger (la plateforme de blog de Google),

- regarder une vidéo sur YouTube (la plateforme de vidéo de Google).

Seuls ces deux derniers outils vous permettent de récupérer une partie des revenus publicitaires générés par Google en tant qu'éditeur. Après vous avoir détaillé la façon de gagner de l'argent avec AdSense sur votre blog, voyons maintenant comment gagner de l'argent avec vos vidéos sur YouTube.

Pourquoi vous devez créer aussi des tutoriels vidéo sur YouTube ?

YouTube est la 1ère plateforme de partage de vidéo dans le monde et le 3ème site le plus fréquenté en France juste après Google et Facebook.

Google favorisera toujours les vidéos YouTube aux dépens des vidéos d'autres plateformes comme Dailymotion dans ses résultats de recherche car cela lui permet que l'on reste un peu plus chez lui.

Figure 23-1 : vidéos Youtube favorisés sur Google

Google favorisera aussi toujours l'affichage de résultats vidéos YouTube aux dépens de votre tutoriel de blog plus complet car il préfère garder 55 % des revenus publicitaires, plutôt que de n'en récupérer que 32 % en renvoyant sur votre site.

Vous avez donc intérêt à poster vos tutoriels au format vidéo sur YouTube et à les monétiser, sinon quelqu'un d'autre le fera à votre place. Même si Google se prend 55 % de marge, les eCPM bruts de la vidéo sont très élevés (10 € en moyenne), il vous restera donc 4 € net toutes les 1 000 vidéos vues.

Quels outils j'utilise pour créer des tutoriels vidéo ?

Tout dépend en fait de ce que je dois montrer. Si c'est quelque chose qui se passe sur mon PC, j'utiliserai l'excellent outil en ligne Screencast-O-Matic qui permet de prendre des captures vidéo de toutes vos actions à l'écran.

Figure 23-2 : capture vidéo avec Screencast-O-Matic

Si c'est quelque chose qui se passe sur ma télévision ou autour de moi, j'utiliserai plutôt mon smartphone pour prendre des photos ou des vidéos en qualité HD avec mon trépied GorillaPod pour stabiliser l'image.

Figure 23-3 : smartphone sur trépied de poche Gorillapod

Ensuite pour faire le montage, j'utiliserai soit Windows Movie Maker (montage simple), soit Pinnacle / Avid Studio (montage élaboré).

Les YouTubers qui se font chaque mois plus de 500 € de revenus grâce au partage de leurs parties de jeux vidéo ou de leurs vidéos drôles utilisent bien sûr un matériel un poil plus cher et plus sophistiqué, mais ils ne font aussi que ça.

Éléments à préparer avant la réalisation

On ne crée pas un tutoriel vidéo sans un minimum de préparation. Avant de vous lancer, voici une check-list des éléments à rassembler ou à produire en amont du montage :

- Un mini story-board des scènes à réaliser.

- Un script de ce que vous allez raconter.

- Les photos, musiques, bruitages, logos, vidéos que vous allez utiliser.

Comment avoir la vidéo YouTube parfaite ?

Quelques contraintes à intégrer en cas de diffusion sur YouTube :

- Ne prenez que des vidéos, musiques libres de droit ou dont vous êtes propriétaires.

- Faites des vidéos courtes : une à deux minutes c'est parfait, entre trois et quatre minutes ça passe bien, au-delà de cinq minutes : vous avez perdu la moitié des gens.

- Compressez votre vidéo finale avant envoi au format mp4 H264, ça ira plus vite pendant le transfert.

Comment monétiser ses vidéos YouTube ?

Lorsque vous envoyez votre vidéo sur YouTube, allez dans l'onglet monétisation et cochez les cases :

- annonces superposées dans les vidéos,

- annonces TrueView in stream.

Figure 23-4 : monétisation Youtube

Mesurer ses performances

Pour avoir une vision détaillée de l'audience et de la monétisation de vos vidéos, rendez-vous sur YouTube Analytics.

Figure 23-5 : statistiques Youtube

Le niveau d'information est assez impressionnant, vous avez au global et pour chaque vidéo :

- le nombre de vues,
- les profils sociodémographiques de vos lecteurs,
- les sources de trafic,
- la durée de lecture,
- le taux d'abandon,
- les revenus,
- eCPM,
- etc.

À retenir

YouTube est la première plateforme de partage de vidéos sur Internet. La vidéo est le support publicitaire qui monétise le mieux. Pour que vos vidéos vous rapportent de l'argent, faites court, ne mettez pas de musiques copyrightées, publiez-les sur YouTube et activez les annonces publicitaires.

Aller plus loin

Voici le strict nécessaire pour créer un tutoriel vidéo, le publier sur YouTube et suivre sa monétisation :

- **http://screencast-o-matic.com/**

- **https://www.youtube.com/**

- **https://www.youtube.com/analytics**

24- COMMENT CRÉER UNE MICRO-ENTREPRISE ?

La meilleure façon de prédire l'avenir, c'est de le créer.
Peter Drucker

Si vous gagnez de l'argent grâce à votre blog, vous devrez obligatoirement rattacher vos revenus à une entreprise.

Si vous ne le faites pas, vous encourez le risque que votre activité soit assimilée à du travail dissimulé (travail au noir). Comme les peines encourues sont très lourdes (45 000 € d'amende, 3 ans d'emprisonnement), vous avez tout intérêt à créer votre entreprise dès les premiers euros reçus.

Depuis l'existence du statut d'auto-entrepreneur, les formalités exigées pour créer une entreprise se sont nettement simplifiées. Ceci a permis la création de plus de 1,5 million de nouvelles entreprises de 2009 à 2014 (soit 50 % des entreprises créées).

Nous allons voir dans ce chapitre qui peut créer une micro-entreprise ? Quels sont les seuils de revenus à ne pas dépasser ? Combien cela coûte ? Comment la créer en ligne ? Et que faire en cas de dépassement de seuil.

Qui peut créer une micro-entreprise ?

Vous êtes vendeur sur eBay, éditeur d'un blog / site Web qui génère des revenus publicitaires, graphiste freelance, programmeur indépendant, artiste, coach, restaurateur... Tant que vous générez des revenus annuels inférieurs à 32 900 € (prestataires de services) ou à 82 100 € (activité d'achat / revente) et avez plus de 18 ans, vous êtes éligible au statut.

Vous pouvez être auto-entrepreneur / micro-entrepreneur à titre principal (chômeur, étudiant) ou à titre complémentaire en plus de votre activité salariée que vous soyez dans le secteur privé, fonctionnaire, ou retraité.

Micro-entreprise et auto-entrepreneur : quelles différences ?

Ayant créé l'entreprise Jeanviet fin 2008, j'ai commencé d'office avec le statut de micro-entreprise. Par rapport à l'auto-entreprise, les seuils de revenus sont les mêmes, les taux de cotisations aussi, les seules différences se situent au niveau des formalités de création (plus simple pour l'auto-entreprise), du paiement dès la première année de la cotisation foncière des entreprises (CFE) pour les micro-entreprises et du calendrier de paiement des cotisations sociales.

Le régime de l'auto-entreprise est plus satisfaisant sur ce dernier point puisque les cotisations sociales sont calculées chaque mois sur le chiffre d'affaires du mois précédent alors que pour le régime micro, on paie un forfait très lourd la 1ère année et ensuite c'est basé sur les 2 dernières années d'activité.

Au 1er janvier 2015, suite à la loi Pinel amendée par le rapport Grandguillaume, il ne restera plus qu'un seul statut (le régime unique de la micro-entreprise) qui mixera les avantages et inconvénients des deux statuts.

Ça sera mieux pour les micro-entreprises sur ces 2 points :

- Suppression des cotisations minimales au moment de la création.

- Cotisations calculées mensuellement en fonction du chiffre d'affaires réel (fini donc les calculs incompréhensibles sur 2 ans du RSI)

Les auto-entrepreneurs devront payer en plus la CFE. Cette taxe est assise sur la valeur locative des biens immobiliers utilisés par votre entreprise. Elle est d'au moins 210 € et n'est donc pas corrélée à votre chiffre d'affaires. Personnellement j'ai payé environ 300 € tous les ans en régime micro.

Jusqu'à présent les auto-entrepreneurs en étaient exonérés pendant 3 ans. La loi devrait logiquement modifier son mode de calcul en l'indexant sur le chiffre d'affaires de l'auto-entrepreneur, afin qu'il y ait plus d'équité entre les petits et les moyens revenus.

Comment s'inscrire en ligne ?

À l'heure où j'écris ces lignes, le site officiel pour bénéficier du statut d'auto-entrepreneur que vous soyez créateur ou au régime micro-entreprise se trouve ici :
http://www.lautoentrepreneur.fr/adherez.htm

Vous pouvez aussi créer une entreprise depuis le site officiel du guichet unique :
https://www.guichet-entreprises.fr/

Il ne vous faudra qu'environ 45 minutes pour créer votre fiche entreprise. Mais, à l'issue de votre saisie, l'administration reprendra ses droits et on vous invitera à envoyer un certain nombre de documents au centre de formalités des entreprises pour valider votre création.

Montant des cotisations et des impôts à payer

Une fois votre entreprise créée, vous devrez payer tous les mois ou tous les trimestres au régime social des indépendants (RSI) des cotisations sociales de l'ordre de 24,6 % de votre chiffre d'affaires (prestation de services).

Les cotisations sociales servent entre autres à financer les retraites et dépenses de santé des entrepreneurs, vous en êtes redevables même si vous avez déjà votre propre Sécurité sociale avec votre activité salariée principale. Vous contribuerez à 2 régimes de Sécurité sociale alors qu'un seul (celui de l'activité principale) vous paiera une partie de vos dépenses de santé.

En ce qui concerne les droits de retraite, vous cumulerez bien ceux de votre activité principale et secondaire.

Il y a encore 2 ans, les salariés créateurs étaient dispensés la première année du paiement de cotisations sociales au titre de l'ACCRE (aide au chômeur créant ou reprenant une entreprise). J'en ai bénéficié en 2008 – 2009 pour ma part.

Seuls les chômeurs et les moins de 26 ans peuvent en bénéficier dorénavant et l'exonération n'est pas totale si vous avez choisi le statut d'auto-entrepreneur.

Si vous gagnez 834 € de revenus bruts par mois avec votre blog (10 000 € / an), vous verserez donc 205 € tous les mois au RSI (2 460 € / an).

Vous aurez également l'impôt sur le revenu à payer sur votre revenu d'entrepreneur. Celui-ci sera calculé sur 50 % de votre chiffre d'affaires. Si vous gagnez 10 000 € à l'année, vous ne serez imposé que sur 5 000 €.

C'est une situation plutôt avantageuse pour vous, car cela revient à considérer que vous avez 50 % de charges. L'impôt pour une entreprise étant calculé sur le bénéfice.

Quand on gère un blog avec un business model publicitaire, plus l'audience monte, plus les charges fixes baissent en pourcentage. Restons sur l'exemple à 10 000 € de revenus pubs / an :

- 24,6 % pour les cotisations : - 2 460 €

- Hébergement et nom de domaine : - 50 €

- Internet, EDF, chauffage (50 %) : - 1 000 €

Cela fait donc ici 35 % de charges, les impôts vous en ont offert 15 % de plus.

Que faire en cas de dépassement de seuil ?

J'ai, pour ma part, dépassé les seuils des 32 900 € pendant 3 années consécutives sans changer de statut. Ce qui m'a valu, 4 ans après, un contrôle fiscal sur ces 3 années avec des conséquences assez lourdes en termes de surcoûts à payer.

Si vous sentez que ça va vous arriver, ne faites pas comme moi, prenez les mesures qui s'imposent dès la première année :

- Soit vous réduisez votre activité pour éviter une paperasse infernale (comptabilité à tenir, déclaration de TVA tous les mois même si n'en percevez pas) et des surcoûts auxquels on n'est pas préparé (30 % de majoration du bénéfice sur la base imposable si vous n'êtes pas adhérent à un centre de gestion agréé).

- Soit vous vous inscrivez en préventif dans un centre de gestion agréé (CGA) pour éviter les 30 % de majoration (adhésion CGA = environ 100 € / an) et vous achetez un livre de comptabilité pour les nuls pour remplir la liasse fiscale (bilan et compte de résultat à fournir).

L'année du dépassement, il faudra avertir votre centre des impôts pour qu'ils vous mettent au régime réel à la place du régime micro et vous serez obligé de déclarer votre bénéfice réel pour le calcul de l'impôt et des cotisations (taux autour de 46 % sur le bénéfice).

Avec le recul, il vaut mieux toujours plafonner à 30 000 € de revenus par an quand on a une activité salariée en parallèle de son entreprise. Si vous dépassez le seuil des 32 900 € et êtes éligible au régime réel, vous allez crouler sous les taxes et la paperasse.

Cela vous coûtera plus de temps et plus d'argent et si vous n'avez pas fait appel à un expert-comptable, vous pouvez être sûr qu'un jour ou l'autre un agent des impôts vous enverra un avis de vérification de comptabilité.

À retenir

Si vous touchez des revenus grâce à votre blog, vous devez créer une entreprise individuelle. Tant que vos revenus ne dépassent pas les 32 900 €, vous êtes éligible au statut micro-entreprise qui vous permet d'avoir une gestion plus souple de votre comptabilité, d'être exonéré de TVA et de minimiser les coûts de cotisations sociales. Si vous gagnez 100 € de revenus bruts, il vous en restera 75 € après paiement des cotisations.

Aller plus loin

Quelques liens utiles pour créer votre entreprise :

- Loi Pinel / Grandguillaume : **http://jbv.ovh/bbs-71**

- **https://www.guichet-entreprises.fr/**

- **http://www.lautoentrepreneur.fr/**

25- VOS OBLIGATIONS COMPTABLES ET FISCALES

Mieux vaut pas de cuillère que pas de soupe

Maintenant que vous avez légalisé vos revenus de blogueur en créant une micro-entreprise, il va falloir se plier chaque mois à un peu de formalisme pour les impôts, les douanes et le régime social des indépendants.

Comme vous ferez moins de 32 900 € de revenus par an, vous échapperez heureusement à la tenue d'une comptabilité (bilan, compte de résultat), vous n'aurez pas de charges à comptabiliser (abattement forfaitaire de 50 % sur le chiffre d'affaires pour déterminer votre résultat imposable) et vous n'aurez pas de TVA à télétransmettre.

Chaque année, préparez-vous un petit dossier cartonné pour rassembler toutes les pièces utiles au moment de déclarer vos revenus au régime social des indépendants et aux impôts.

Gardez bien en archive tous les dossiers des années passées, si un jour, vous subissez un contrôle fiscal (avis de vérification de comptabilité), on vous demandera de fournir les pièces justificatives des 3 dernières années d'activité.

Comptabilité simplifiée : tenir un registre des recettes

Voici ce que donne le site officiel des auto-entrepreneurs comme information sur la tenue d'une comptabilité :

Les entrepreneurs bénéficiant du régime fiscal de la micro-entreprise, qu'ils soient immatriculés ou non, ont une comptabilité allégée.

Ainsi, ils peuvent simplement tenir un livre mentionnant chronologiquement le montant et l'origine des recettes encaissées à titre professionnel, en distinguant les règlements en espèces des autres règlements.

Les références des pièces justificatives (factures, notes etc.) doivent y être indiquées. Ce livre est tenu au jour le jour.

Vous pouvez d'ailleurs télécharger et compléter leur modèle ici :

http://www.lautoentrepreneur.fr/images/4_Achats-recettes.pdf

Voici concrètement à quoi cela ressemble avec mes revenus 2013.

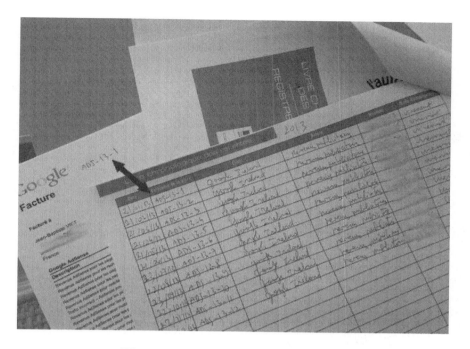

Figure 25-1 : registre des recettes

Il faut mettre pour chaque ligne :

- La date de réception du paiement.

- Une référence qui sera commune à la facture que vous allez générer (ici ADS-13-1 pour la première ligne).

- Nature.

- Le montant (que j'ai flouté).

- Mode d'encaissement (ex : virement bancaire).

Pas de TVA à déclarer

Selon l'article 293 B du code général des impôts, vous n'avez pas à collecter de TVA sur vos ventes ou services dès lors que vous êtes en dessous des 32 900 €.

Extrait de l'article :

Pour leurs livraisons de biens et leurs prestations de services, les assujettis établis en France, à l'exclusion des redevables qui exercent une activité occulte au sens du troisième alinéa de l'article L. 169 du livre des procédures fiscales, bénéficient d'une franchise qui les dispense du paiement de la taxe sur la valeur ajoutée, lorsqu'ils n'ont pas réalisé :
(...)
2° Et un chiffre d'affaires afférent à des prestations de services, hors ventes à consommer sur place et prestations d'hébergement, supérieur à :
a) 32 900 € l'année civile précédente ;
b) Ou 34 900 € l'année civile précédente, lorsque la pénultième année il n'a pas excédé le montant mentionné au a.

Modèle de facture

Chaque fois qu'un client vous paye, il faut émettre deux factures, une pour lui et une pour votre comptabilité simplifiée. Il faut transmettre à votre client la facture au plus tard au moment de la réalisation de la prestation.

Voici les champs obligatoires à faire figurer sur votre facture :

- Émetteur : Nom, adresse, SIREN, n° de RCS (pas nécessaire pour l'auto-entrepreneur).

- Destinataire : Nom, adresse, forme juridique.

- Date d'émission, date de la prestation.

- N° de facture (va servir pour votre registre des recettes).

- Nature de la prestation.

- Mention : TVA non applicable, article 293 B du CGI.

- Mode règlement.

- Détails des prestations : nature, quantité, prix unitaire.

- Montant total de la facture.

  Vous pouvez télécharger un modèle de facture ici :
  http://www.lautoentrepreneur.fr/images/5_Facturier.pdf

Déclaration européenne de service (DES) à faire si revenus issus de l'UE

Vous touchez des revenus Google Adsense ou Amazon en France ? Saviez-vous que ces deux entités étaient basées en Irlande pour la première et au Luxembourg pour la deuxième ? Qu'est-ce que cela implique pour vous ?

Que vous soyez ou non éligibles à la TVA, vous n'aurez d'abord pas de TVA à facturer, puisqu'elle est directement payée dans les pays de l'Union Européenne où sont installées les deux filiales.

En revanche, vous aurez l'obligation de déclarer tous les mois sur le site pro.douane.gouv.fr vos déclarations européennes de services. Cela consiste à dire tous les mois aux douanes combien Amazon ou Google vous verse d'argent.

Figure 25-2 : DES sur site Pro Douane

C'est une obligation qui est passée en vigueur en 2010 pour contrôler les flux financiers au sein de l'UE et c'est applicable à tout entrepreneur qu'il soit redevable ou non à la TVA. Si vous ne faites pas cette déclaration, vous risquez une amende forfaitaire de 750 € par mois d'omission quel que soit le montant que vous paie Amazon ou Google.

Lors d'un contrôle fiscal portant sur une année d'activité après 2010, si vous n'avez pas fait de DES et que vous touchez tous les mois des revenus de Google AdSense, vous vous verrez alors imposer par le vérificateur une amende de 9 000 € (12 x 750 €) en premier recours. Je vous le dis avec certitude car cette mésaventure m'est arrivée.

Pour faire vos déclarations d'échange de service, vous devez demander un n° de TVA intra-communautaire à votre SIE (service des impôts des entreprises), grâce à ce formulaire : **http://jbv.ovh/bbs-72**

Une fois que vous aurez votre n° de TVA intra-communautaire, vous pourrez créer votre compte sur le site pro douane :

https://pro.douane.gouv.fr/site/InscripProdo.pdf

Et déclarez tous les mois vos revenus irlandais et / ou luxembourgeois. Faites les démarches, ça vous évitera de grosses suées lors d'un contrôle fiscal éventuel.

Télédéclarez vos revenus sur le site Net-Entreprise

Pour que le régime social des indépendants (RSI) puisse calculer le montant de vos cotisations mensuelles ou trimestrielles, il faut que vous leur indiquiez vos revenus :

1. Soit tous les mois ou tous les trimestres, si vous avez opté pour le microsocial sur le site lautoentrepreneur.fr.

2. Soit une fois par an sur le site net-entreprises.fr en effectuant votre déclaration sociale des indépendants (DSI).

Comme expliqué dans le précédent chapitre, la première formule est plus intéressante car le montant de vos cotisations est calculé sur votre chiffre d'affaires du moment et pas sur les deux dernières années d'activité.

Télédéclaration sur le site lautoentrepreneur.fr

Figure 25-3 : télédéclaration sur lautoentrepreneur

À chaque fin de mois ou de trimestre, on vous demande de déclarer vos recettes du mois ou du trimestre passé. 30 jours après, vous êtes prélevé par le RSI de 24,6 % du montant des recettes déclarées. Ce montant correspond aux cotisations sociales dont vous êtes redevables.

Télédéclaration sur le site Net-Entreprises

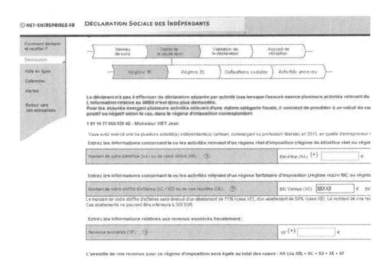

Figure 25-4 : télédéclaration sur Net-Entreprises

Tous les ans, vous déclarez vos recettes de l'année précédente et le montant des cotisations obligatoires que vous avez payées.

Cotisations obligatoires = maladie-maternité, retraite (base et complémentaire), invalidité-décès, allocations familiales. Sont donc exclues : Formation Professionnelle, CSG/CRDS, ainsi que les cotisations facultatives.

Ceci va permettre de calculer vos cotisations pour l'année prochaine et de régulariser le montant des cotisations de l'année en cours à la hausse ou à la baisse. La régularisation se fera en octobre.

Si vous avez payé trop de cotisations l'année précédente, vous pourrez demander une régularisation anticipée afin de ne pas attendre la fin de l'année pour être remboursé. Vous serez ainsi remboursé sous 30 jours à partir de la date de notification.

Comment déclarer ses revenus de blog sur le site des impôts ?

Si vous avez une activité salariée à côté de votre blog, la case « Traitements, salaires, prime pour l'emploi » doit être déjà cochée et le salaire que vous avez perçu l'année dernière rempli.

Pour déclarer vos revenus de blog, vous devez cocher en plus la case « Revenus industriels et commerciaux professionnels ».

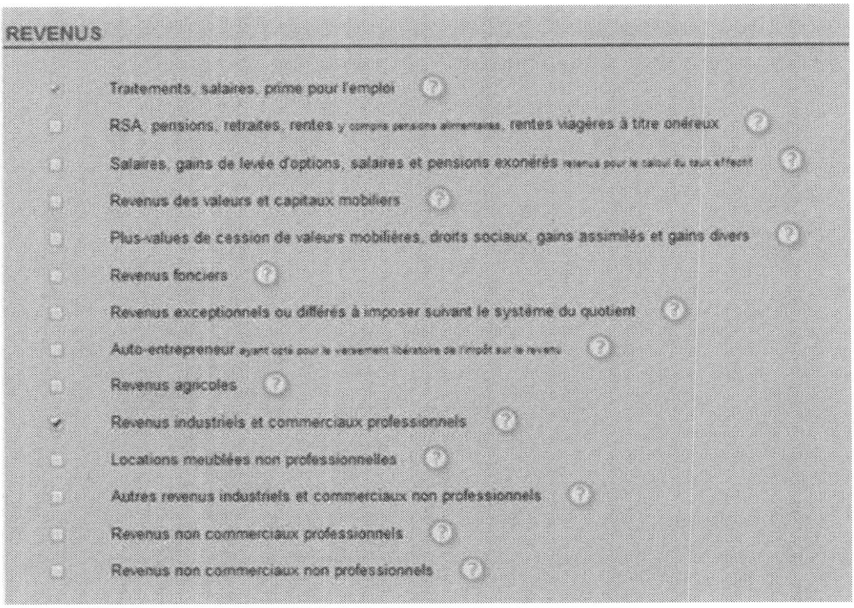

REVENUS

- ☑ Traitements, salaires, prime pour l'emploi ⓘ
- ☐ RSA, pensions, retraites, rentes y compris pensions alimentaires, rentes viagères à titre onéreux ⓘ
- ☐ Salaires, gains de levée d'options, salaires et pensions exonérés retenus pour le calcul du taux effectif ⓘ
- ☐ Revenus des valeurs et capitaux mobiliers ⓘ
- ☐ Plus-values de cession de valeurs mobilières, droits sociaux, gains assimilés et gains divers ⓘ
- ☐ Revenus fonciers ⓘ
- ☐ Revenus exceptionnels ou différés à imposer suivant le système du quotient ⓘ
- ☐ Auto-entrepreneur ayant opté pour le versement libératoire de l'impôt sur le revenu ⓘ
- ☐ Revenus agricoles ⓘ
- ☑ Revenus industriels et commerciaux professionnels ⓘ
- ☐ Locations meublées non professionnelles ⓘ
- ☐ Autres revenus industriels et commerciaux non professionnels ⓘ
- ☐ Revenus non commerciaux professionnels ⓘ
- ☐ Revenus non commerciaux non professionnels ⓘ

Figure 25-5 : déclaration impôt sur le revenu

Il faudra ensuite remplir dans régime micro-entreprise, la case 5KP (prestations de services et locations meublées) avec le montant du chiffre d'affaires que vous avez réalisé l'année précédente avec votre blog.

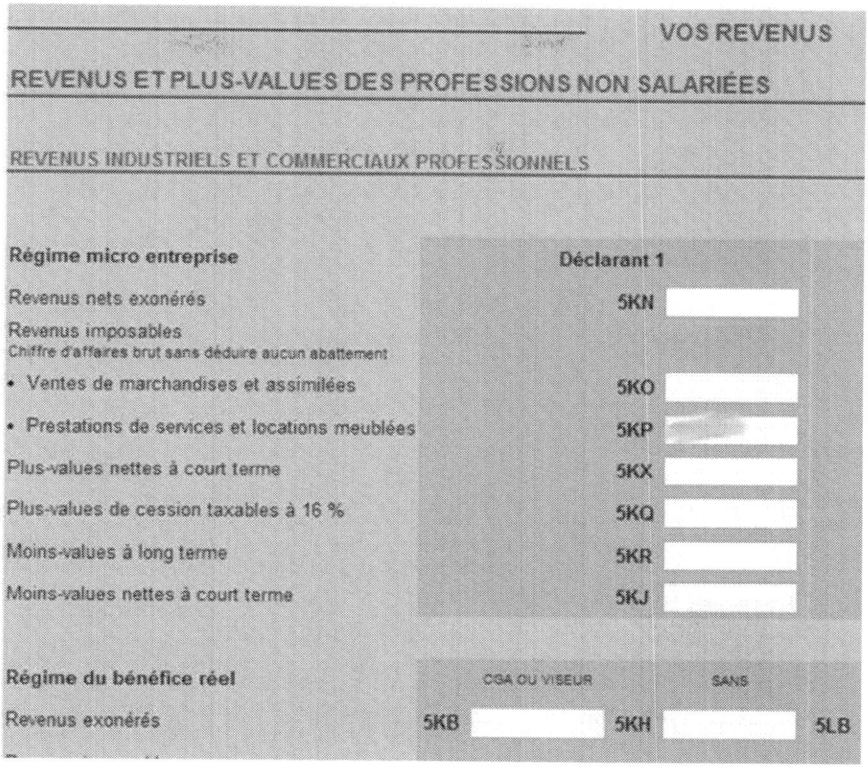

Figure 25-6 : impôts : case 5KP à remplir

L'impôt final sera calculé sur 50% de ce chiffre d'affaires.

À retenir

En tant qu'entrepreneur individuel, vous êtes tenu de faire un certain nombre d'enregistrements et de déclarations :

- Tenue d'un registre des recettes.

- Émission de factures.

- Tous les mois, déclaration européenne de service si revenus en provenance de l'Union Européenne.

- Tous les mois, déclaration de votre chiffre d'affaires au RSI.

- Tous les ans, chiffre d'affaires annuel à ajouter dans la Case 5KP de votre feuille d'imposition.

Aller plus loin

Voici quelques ressources et sites utiles pour gérer au mieux toutes vos déclarations :

- Comment déclarer ses revenus Google AdSense ? **http://jbv.ovh/bbs-73**

- Registre des recettes : **http://www.lautoentrepreneur.fr/images/4_Achats-recettes.pdf**

- Facturier : **http://www.lautoentrepreneur.fr/images/5_Fa cturier.pdf**

- Déclaration de vos revenus pour calcul des cotisations : **lautoentrepreneur.fr**

- Site des impôts : **http://impots.gouv.fr**

26- DROITS ET OBLIGATIONS LEGALES DU BLOGUEUR

La liberté a les limites que lui impose la justice
Jules Renard

Lorsqu'on écrit des articles de blog, on endosse à la fois le statut d'auteur et d'éditeur. Ce qui nous permet d'exprimer librement nos pensées, de protéger nos écrits, mais qui engage aussi notre responsabilité auprès des lecteurs qui nous lisent.

Nous allons voir dans ce chapitre quels sont vos droits et obligations en tant que blogueur, ce que pouvez faire et ne pas faire en matière de publication de contenus, comment empêcher vos écrits d'être recopiés par d'autres blogs ou sites à votre insu et que faire en cas de plainte sur un de vos articles.

Quand on expose ses propos et ses services à des milliers de lecteurs, on se doit d'être carré au niveau de la loi aussi bien pour protéger ses œuvres que pour se protéger d'éventuels litiges.

Dans mon activité professionnelle de chef de projet Web, chaque fois que je lance un nouveau service, je consulte toujours notre département juridique pour m'assurer que tout est conforme au niveau du droit. Dans votre activité de blogueur, vous pourrez utiliser ce mini-guide juridique de la même façon.

Les droits du blogueur

Liberté d'expression

Selon l'article 11 de la déclaration des droits de l'Homme et du citoyen de 1789, chaque individu peut exprimer ses opinions librement à condition de ne pas dépasser certaines limites définies par la loi.

"La libre communication des pensées et des opinions est un des droits les plus précieux de l'homme ; tout citoyen peut donc parler, écrire, imprimer librement, sauf à répondre de l'abus de cette liberté dans les cas déterminés par la loi."

Les limites à la liberté d'expression

Vous pouvez parler de tout sur votre blog à condition de ne pas :

- porter atteinte à la vie privée et au droit à l'image d'autrui;

- inciter à la haine raciale ethnique ou religieuse, aux violences faites aux femmes, faire l'apologie de crimes de guerre, tenir des propos discriminatoires à raison d'orientations sexuelles ou d'un handicap, inciter à l'usage de produits stupéfiants;

- tenir des propos diffamatoires ou injurieux.

Droit d'auteur

Selon l'article L111-1 du code de la propriété intellectuelle, pour autant que les critères nécessaires au bénéfice de cette protection soient bien présents, chaque article de blog que vous créez vous appartient exclusivement et personne n'est autorisé à le reproduire.

"L'auteur d'une œuvre de l'esprit jouit sur cette œuvre, du seul fait de sa création, d'un droit de propriété incorporelle exclusif et opposable à tous."

Votre blog et vos articles originaux sont protégés de fait par le droit et il n'est pas nécessaire de faire un dépôt légal de vos articles.

En cas de litige, vous devez être en mesure de prouver que vous avez la paternité de l'œuvre. Pour se faire, vous pouvez vous envoyer vos textes sous pli fermé par courrier postal avec accusé de réception (le cachet de la poste faisant foi) ou plus simplement envoyer tous vos articles par email au moment de la publication (date d'envoi sur votre serveur email vous servant de présomption de preuve pour établir la paternité).

Anonymat

Vous pouvez très bien bloguer de façon anonyme (si vous bloguez à des fins personnelles et non professionnelles) à condition que vous donniez à vos lecteurs un moyen de vous joindre vous-même et votre hébergeur en cas de réclamation. Donnez toujours un moyen de vous joindre directement, car en cas de litige, si votre interlocuteur ne sait pas comment vous contacter, il se retournera vers votre hébergeur qui pourra très bien couper l'accès à votre site.

Droit à l'oubli

Si vous bloguez en votre nom et que des pages présentes sur Internet portent préjudice à votre image; vous pouvez exercer auprès des sites et des moteurs de recherche une demande de suppression. Je vous recommande de lire la fiche pratique de la CNIL très complète à ce sujet : Comment effacer des informations me concernant sur un moteur de recherche (**http://jbv.ovh/bb-cnil**).

Les obligations légales du blogueur

La loi n'est pas seulement là pour protéger le blogueur, elle se charge aussi de protéger les internautes (vos lecteurs). En fonction de ce que vous affichez et collectez auprès de vos visiteurs, de votre degré de professionnalisation, vous devrez répondre à un certain nombre d'obligations.

Mentions légales

D'après l'article 6 de la loi pour la confiance en l'économie numérique, vous devez faire apparaître sur votre site dans une rubrique mentions légales les informations suivantes :

• prénom et nom du directeur de la publication (vous-même), domicile et numéro de téléphone et, si vous êtes assujetties aux formalités d'inscription au registre du commerce et des sociétés ou au répertoire des métiers, le numéro de votre inscription ;
• Le nom, la dénomination ou la raison sociale et l'adresse et le numéro de téléphone de votre hébergeur.

Droit de réponse

Toujours d'après l'article 6 de la loi pour la confiance en l'économie numérique, il faut offrir aux internautes pouvant être mis en cause dans un de vos articles un droit de réponse.

Celui-ci peut se faire directement dans les commentaires de l'article de votre blog sujet du litige (si les commentaires sont ouverts). Si les commentaires sont fermés, on pourra exiger de vous de publier sous 3 jours un article dédié "droit de réponse." Si vous refusez d'obtempérer, votre interlocuteur pourra vous poursuivre en justice avec le risque de payer une amende de 3 750 €.

Emailing : opt-in obligatoire

Si vous prévoyez d'envoyer une newsletter (chapitre 17) à vos lecteurs, vous devez obligatoirement obtenir leur consentement éclairé avant envoi (opt-in). Si vous abonnez de force tous ceux qui vous laissent des commentaires, vous risquez aussi une amende de 3 750 € par abonnement forcé.

Déclaration de fichiers à la CNIL

La CNIL nous informe que les blogs tenus par des particuliers qui collectent des données sont dispensés de déclaration.

Les sites Web ou blogs mis en œuvre par des particuliers à titre privé qui peuvent permettre, d'une part, la collecte de données à caractère personnel de personnes qui s'y connectent et, d'autre part, la diffusion de données à caractère personnel (nom, images de personnes ou tout autre élément permettant d'identifier une personne physique) sont dispensés de déclaration.

Si vous collectez des données sur vos lecteurs à titre professionnel, vous devez déclarer ces fichiers à la CNIL.

Cookies : information renforcée et opt-out

Si vous utilisez sur votre blog un trackeur statistiques comme Google Analytics (chapitre 11) et si vous avez mis en place des blocs de publicités contextuelles et ciblées AdSense (chapitre 20), vous devez en informer vos lecteurs dès la première connexion sur votre site et leur offrir un moyen de supprimer le ciblage publicitaire et / ou le suivi statistique (page qui explique comment supprimer les cookies du navigateur à créer).

Google propose un code que vous pouvez intégrer sur votre blog à cette adresse : **http://www.cookiechoices.org/**

Les blogs Blogger qui ont conservé la toolbar affichent le message d'information cookies par défaut.

Quels images, textes, vidéos ai-je droit de publier dans mes articles ?

Vous ne pouvez publier sur votre blog que des images, textes, vidéos dont vous êtes l'auteur ou pour lesquels vous avez obtenu les droits nécessaires à leur reproduction et leur diffusion. Si vous récupérez des visuels, vidéos, musiques, images qui ne vous appartiennent pas et que vous les partagez sur votre blog, vous encourez de gros risques :

- votre blog pourra être suspendu par votre hébergeur sur décision de justice,

- si cela va jusqu'au pénal, vous risquez 2 à 3 ans d'emprisonnement ferme et de 150 000 à 300 000 euros d'amende.

Si vous n'êtes pas en mesure de produire vos propres images ou vidéos, vous pouvez toujours utiliser des images libres de droit ou en Creative Commons (citation de l'auteur obligatoire) ou encapsuler des vidéos YouTube ou Dailymotion ouvertes au partage, sachant que même si une vidéo est encapsulable cela ne signifie pas que celui qui l'a mise en ligne dispose des droits nécessaires... Prudence donc !

Ne faites jamais de copier-coller de contenus récupérés ailleurs sur le Web. Vous pouvez citer de courts extraits à condition de les lier à leur source par un lien hypertexte et / ou de citer l'auteur.

Suis-je responsable des propos tenus dans les commentaires ?

Comme on l'a dit plus haut, le principe est qu'en tant qu'éditeur on est responsable des propos que l'on diffuse, un hébergeur par contre n'est pas immédiatement responsable, il ne le devient, après avoir été informé qu'un contenu illicite est diffusé sur son site quand il n'en a pas rendu l'accès impossible.

C'est donc ce statut d'hébergeur qu'il faudra autant que possible tenter de revendiquer.

Le mode de modération que vous avez mis en place sur les commentaires de votre blog (chapitre 13 : créer une communauté) est donc important.

Si vous avez effectué une modération a priori (vous validez chaque commentaire avant qu'il ne soit publié), vous pourrez être considéré comme éditeur des commentaires de votre blog, et risquez d'endosser donc la responsabilité sur tout le contenu publié.

A contrario, si vous avez suivi mes conseils et mis en place la modération a posteriori (chaque commentaire est automatiquement publié), vous pourrez revendiquer le statut d'hébergeur des commentaires et tenter d'écarter la qualité d'éditeur. Vous pourrez démontrer que vous n'étiez pas responsable des propos tenus puisque vous ne les aviez pas lus avant leur diffusion.

À cet égard il convient de vous assurer qu'en cas de demande (qui ne pourra provenir que d'un juge) vous soyez capable de communiquer des éléments d'identifications de la personne à l'origine du message illicite. Il pourra s'agir d'une adresse e-mail, d'une adresse IP, d'un nom... Selon le cas, il vous faudra vous-même produire ces informations ou faire appel à votre prestataire d'hébergement.

Comment protéger mes articles ?

Vos articles sont protégés par le droit d'auteur. On a vu précédemment que tout ce qui pouvait prouver la paternité de vos articles était recevable par la justice en cas de litige. Donc, si un jour vous retrouvez vos contenus sur un autre blog, il ne vous reste plus qu'à contacter le blogueur faussaire et à lui faire peur.

Envoyez-lui un mail qui lui rappelle la législation en matière de droit d'auteur, menacez-le d'alerter sous 3 jours Google via le formulaire droit d'auteur (**http://jbv.ovh/oublie-moi**) et sous 1 semaine de lui envoyer une lettre recommandée avec accusé de réception à lui et à son hébergeur (avec preuve de la paternité de votre article).

Avec cela, il devrait se bouger dans les 24 heures et dépublier la copie de votre article. S'il ne bouge pas, vous ferez les démarches, sa copie d'article disparaîtra de Google et son hébergeur fera certainement pression sur lui pour qu'il obtempère.

Pour limiter le pillage de votre blog, plusieurs moyens techniques existent :

- Faites en sorte que votre flux RSS ne remonte que le résumé de votre article et pas l'article intégral.

- Faites en sorte que votre flux RSS ajoute dans le résumé un lien vers l'article original.

- Ajoutez le nom de votre site sur chacune de vos images en filigrane.

- Interdisez l'accès à vos images en dehors votre nom de domaine.

Que faire quand on reçoit une réclamation sur un de ses articles ?

Il se peut qu'un jour quelqu'un vous contacte par mail parce qu'un article qui parle de lui ou de sa société lui fait offense, surtout s'il est en bonne position sur Google.

S'il vous contacte par email, c'est déjà bon signe. Dites-vous qu'il n'ira pas jusqu'au procès, sinon vous auriez déjà reçu un constat d'huissier. Évaluez sa demande et faites lui valoir que vous ne l'avez pas injurié ni diffamé (si c'est le cas) et que les commentaires restent ouverts pour son droit de réponse.

Si vous pensez que votre article présente un risque en matière de diffamation, ou qu'il peut porter préjudice au demandeur (un peu d'humanité !), modifiez-le selon les demandes de votre interlocuteur.

Si le jeu n'en vaut pas la chandelle (trafic faible) et que vous pensez être en tort (risque de diffamation) dépubliez votre article et supprimez-le de l'index Google via l'outil Webmaster Tools (chapitre 14)

À retenir

Voici une check-list des obligations légales du blogueur :

- Ne portez pas atteinte à la vie privée.
- Ne faites pas d'injures.
- Mentions légales.
- Formulaire de contact (droit de réponse).
- Information renforcée sur les cookies.
- Publiez des photos libres de droit ou en licence Creative Commons.
- Citez vos sources.

Aller plus loin

Voici quelques sites, articles de loi, guides que je vous recommande de lire pour parfaire votre culture sur les droits et obligations du blogueur :

- Loi pour la confiance en l'économie numérique (Legifrance) **http://jbv.ovh/bbs-74**

- Maitre Eolas : **http://www.maitre-eolas.fr/**

- CNIL : **http://www.cnil.fr/**

- Etre informé pour mieux blogueur (RSF) **http://jbv.ovh/bbs-75**

27- COMMENT JEANVIET.INFO EST DEVENU UN BLOGBUSTER ?

Seul celui qui n'a rien à perdre et tout à gagner met en œuvre toute la voracité de l'intelligence.
Hervé Bazin

Dans ce dernier chapitre, je vais détailler les principales dates clés qui m'ont permis de faire monter en puissance mon blog.

Durant les phases de succès et d'échecs qu'a connus mon site, vous verrez qu'il y a eu beaucoup de technique, de travail, de rencontres et de passion.

Même si cette aventure m'a montré à quel point il était difficile en France d'établir et de développer une activité créatrice face aux contraintes de tous ordres, à l'absence d'un accompagnement des entrepreneurs et aux changements permanents de réglementations, je recommencerai sans hésiter demain tant j'ai appris de choses concrètes sur les communautés en ligne et le marketing digital.

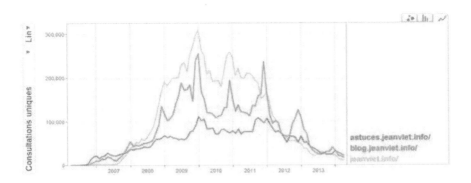

Figure 27-1 : évolution des visiteurs uniques de
Jeanviet.info sur 7 ans par rubrique

Si mon blog a progressé pendant tant d'années et si ma chute
n'a pas été si brutale après mon contrôle fiscal, je le dois à toutes
les bonnes personnes (médecins, famille, proches, collègues,
experts, lecteurs) qui m'ont aidé, protégé, conseillé chaque fois que
j'en ai eu besoin.

Création d'un CV en ligne (avril 2006)

À l'origine de mon blog, il y avait mon CV en ligne. C'était
une occasion pour moi de mettre en pratique les cours de HTML,
PHP, CSS que j'avais appris en autoformation sur le Site du Zéro
(devenu OpenClassRooms) et sur Alsacréations.

J'avais profité à l'époque d'une offre promotionnelle
d'OVH : le domaine .info + hébergement mutualisé gratuit pendant
1 an. Voilà pourquoi mon site s'appelle Jeanviet.info

Avoir un CV en ligne était aussi une nécessité pour assurer
mon avenir. À ce moment-là, j'étais chargé d'étude au portail
Wanadoo.fr et mon CDD allait s'arrêter dans 6 mois.

Pour bien choisir un nom de domaine et une offre d'hébergement chez OVH, je vous invite à relire les Chapitres 4 et 5

Ajout d'un blog WordPress (mai 2006)

À l'époque, tous les week-ends, j'étais un peu livré à moi-même dans mon appartement de 17 m². Ma compagne travaillait le samedi et dimanche dans une agence de réservation de voyages et un week-end sur deux j'étais bloqué à mon domicile pour me reposer de mes séances de chimiothérapie du vendredi après-midi.

Fin 2005, les médecins avaient découvert que j'avais la maladie de Hodgkin au stade 3. Une sorte de cancer des ganglions qui se guérit très bien mais qui nécessite un protocole assez lourd de chimiothérapie (16 séances sur huit mois).

J'avais donc un peu de temps le week-end pour m'atteler à installer un blog et à l'animer. Arnaud, un collègue de stage qui tenait le blog Nintenblog.fr m'avait convaincu que la chose pouvait marcher (record de 1 000 visiteurs / jour pour lui) et ça tombait bien, le blogging avait été le thème de mon mémoire de fin d'études.

J'avais préféré choisir la plateforme américaine WordPress qui se lançait plutôt que Dotclear (en français et préférée par Arnaud) qui n'avait pas une communauté très active et dont les plugins étaient rares. Choix payant sur le long terme !

Je vous invite à relire le chapitre 6 pour apprendre à installer un blog WordPress chez OVH.

Création d'une section Tutoriels (juin 2006)

Le 9 juin 2006, mes pépins de santé se terminaient enfin (16e et dernière séance de chimiothérapie), j'allais pouvoir enfin mettre plus d'énergie dans la rédaction de contenus pour mon site.

Après quelques tutoriels Word, Excel, VirtualDub, la mayonnaise a vraiment pris quand fin octobre j'ai publié ces deux tutoriels :

- Super : comment convertir vos vidéos dans tous les formats ?

- FoxyProxy : regarder les vidéos réservées aux Américains

Si vous voulez faire la même chose chez vous à la maison, je vous invite à relire le chapitre 18 *: Comment rédiger un tutoriel efficace ?*

Création d'un forum (janvier 2007)

Près de 1 000 commentaires sur les 2 précédents tutoriels, plus de 1 000 visiteurs uniques / jour sur mon site (record de Nintenblog égalé ;-)), je décidais de créer avec Cédric - un commentateur régulier sur le tutoriel Super – un forum.

De bons conseils dans le chapitre 13 sur la création et la gestion d'une communauté.

Monétisation avec AdSense (avril 2007)

Maintenant que Jeanviet.info avait une audience critique (plus de 1 000 visiteurs / jour), c'était dommage de ne pas la monétiser ! Même avec des blocs AdSense mal intégrés, j'ai fait 50 € de revenus le premier mois.

À relire : Gagner de l'argent avec AdSense (chapitre 20)

Optimisation de mes pages pour Google (octobre 2007)

En août 2007, grâce à Luc Tran Thang (patron du portail Orange.fr de l'époque) qui s'était battu pendant de longs mois auprès des RH de France Télécom pour me conserver, j'obtenais enfin un CDI chez Orange.

À cette occasion, j'ai eu la chance de pouvoir suivre en septembre 2007 la formation en référencement naturel d'Olivier Duffez (créateur de **WebRankInfo.com**). Je comprenais enfin le fonctionnement du moteur de recherche Google.

Cette formation m'a aidé dans mon travail d'évangélisation à la mise en place de bonnes pratiques SEO chez Orange et m'a également servi pour mon site perso.

J'ai revu entièrement ma façon de rédiger mes articles de blog, j'ai optimisé toutes mes pages favoris et logiciels de sorte que chaque entrée soit indexable par Google (avant seule la rubrique l'était), j'ai fait en sorte de mieux lier mes articles entre eux.

Et tout cela a rapidement payé, puisque je suis passé en moins de 3 mois de 1 000 visiteurs / jour à 2 500 visiteurs / jour et à 350 € de revenus mensuels.

Pour rappel, les principales optimisations SEO ont été indiquées dans le chapitre 14 (référencer son blog pour Google)

Création de l'entreprise Jeanviet (septembre 2008)

Septembre 2008, 8 000 visiteurs se connectent tous les jours à Jeanviet.info et cela génère 1 200 € de revenus publicitaires par mois.

J'apprends en consultant différents forums, qu'il faut créer une entreprise individuelle (cotisations à payer) et déclarer cela aux impôts. Je fais le nécessaire en ligne en demandant une exonération de cotisations pour la 1ère année (possible à l'époque pour le salarié créateur).

Si vous aussi, vous avez besoin de créer une entreprise individuelle, je vous invite à relire le chapitre 24.

Nouveau Design (avril 2009)

Avril 2009, mon site va fêter ses trois ans, je suis à 20 000 visiteurs / jour et à 3 000 € de revenus / mois. Je ne comprends pas ce qu'il m'arrive !

Je demande à Emilie, une graphiste de talent que j'ai rencontré dans mon association d'anciens étudiants de refaire le logo et la charte graphique de mon blog. Elle me le fait pour 800 €. Huit jours de revenus de blog, pas de problème ! Avec un vrai design, plus de partenaires viendront ensuite taper à ma porte.

Je vous invite à relire le chapitre 8 (Comment personnaliser son design ?) si vous voulez faire de même.

Record d'audience le 1er janvier 2010

Mes collègues au travail se sont souvent moqués de moi parce que je traitais sur mon blog de sujets un peu léger où je me mettais en scène (JibJab, ElfYourself, PhotoFunia) ou complètement éloignés de ce qui intéresse les geeks (livret de messe, carte de vœux, cartes de visite, code de la route).

À quoi je leur répondais que sur Internet, il n'y avait pas que des geeks. En plus les geeks ça utilise des bloqueurs de pub, donc pas bon pour le business !

J'avais remarqué quand j'étais chargé d'études Audience au portail Wanadoo.fr qu'entre fin décembre et début janvier, tous les ans, des sites comme Dromadaire ou L'internaute faisaient des cartons d'audience grâce à leurs cartes de vœux virtuelles.

Depuis décembre 2007, tous les ans, je mettais donc à jour cet article-là :

Carte de vœux virtuelle animée pour souhaiter la bonne année 20xx **http://jbv.ovh/bbs-76**

Je peux vous dire que le 1er janvier 2010, je n'ai pas regretté d'avoir eu un traitement éditorial grand public sur mon blog. J'ai reçu 43 000 visiteurs dans la journée et près de 300 € de revenus. Mon hébergement mutualisé OVH et mon blog WordPress ont bien tenu la charge ce jour-là.

Conseil de lecture pour les geeks et non geeks : Comment écrire des articles de qualité (chapitre 12)

Jeanviet.info : bilan après 8 années d'existence (juillet 2014)

De 2009 à 2011, j'ai connu mes plus belles années de blogging ! Pendant trois ans, Jeanviet.info a enregistré tous les mois entre 200 000 et 300 000 visiteurs uniques Médiamétrie/NetRatings.

Cette audience s'est transformée en revenus publicitaires que j'ai sagement mis de côté pour devenir propriétaire d'un appartement de 60 m² en région parisienne début 2010. Quelques mois après l'accession à la propriété, je me suis marié avec Sonia, la femme de ma vie. Neuf mois après le mariage, nous avons mis au monde une merveilleuse petite fille.

Depuis mai 2013, Jeanviet.info est revenu à des audiences et des revenus beaucoup plus raisonnables. Entre 2 000 et 3 000 visiteurs se connectent tous les jours à mon site et cela génère entre 400 et 800 € de revenus publicitaires par mois.

J'ai fini par subir comme de nombreux blogs et sites les foudres des mises à jour successives du filtre Panda de Google. C'est arrivé bien sûr au plus mauvais moment, j'étais en plein contrôle fiscal et j'avais en plus des cotisations sociales à payer de 1 500 € par mois (calcul basé sur le chiffre d'affaires des deux dernières années d'activité lorsqu'on n'a pas choisi le micro-social).

Grâce à cette dernière année plus calme en audience, j'ai pu lâcher un peu le pied sur Jeanviet.info et me consacrer au livre et au blog BlogBuster. J'ai enfin compris qu'il ne fallait pas tout livrer gratuitement à Google et diversifier un peu plus ses audiences et son business.

Je vais donc maintenant m'atteler à maintenir sur Jeanviet.info un niveau de revenus publicitaires autour de 500 € / mois (2 500 visiteurs / mois), à développer sur BlogBuster une audience plus premium grâce au livre que vous lisez (objectif : 250 ventes / mois) et à donner de ma personne ponctuellement (2 jours maximum / mois) en consulting pour ceux qui n'auraient pas le temps de me lire mais plein d'argent à dépenser. ;-)

Conclusion

C'est en forgeant qu'on devient forgeron

Merci d'avoir lu cet ouvrage jusqu'à la dernière page. Vous avez maintenant toutes les clés pour lancer votre blog, le faire connaître et gagner de l'argent avec. J'espère que le partage de mon expérience personnelle vous aura été utile.

J'ai fait tout mon possible dans ce livre pour aborder le sujet du blogging dans son ensemble, sans fausses promesses et avec pédagogie. Évoluant au quotidien dans le business de l'Internet, j'espère avoir eu tout au long de l'ouvrage un discours compréhensible de tous.

Je fais souvent des fautes d'orthographe en voulant écrire trop vite mes articles de blog, j'espère que le temps nécessaire à l'écriture d'un livre associé à la bienveillance de mes relecteurs m'aura évité ici cet écueil. N'hésitez pas à rentrer en contact avec moi si vous déceliez des erreurs au cours de votre lecture.

Ce livre est ma première expérience d'auteur. J'ai tenu à l'écrire en auto-édition pour garder l'indépendance et la flexibilité du blogueur. C'est grâce à deux livres traitant du sujet de l'autoédition (APE de Guy Kawasaki et Grimpez vers le top 100 de Jacques-Line Vandroux) et à l'outil d'édition open source Sigil que j'ai pu transformer mes articles de blog en chapitres de livre.

J'espère que ce présent livre associé à WordPress exercera la même magie chez vous en transformant vos passions en articles de blogs enrichissants pour tous. Si cet ouvrage vous a été utile, n'hésitez pas à en parler sur votre blog, à vos proches et à laisser des commentaires de recommandation sur Amazon.

Jean-Baptiste Viet

Restons en contact

- Mes blogs : **http://blogbuster.fr** et **http://jeanviet.info**

- Par email : **jeanviet+blogbuster@gmail.com**

- Sur Twitter : **https://twitter.com/jeanviet**

- Sur Facebook : **https://www.facebook.com/blogbuster.fr**

Glossaire

Voici un récapitulatif de tous les termes barbares que j'ai introduit au fil de votre lecture. Pour faciliter vos recherches, les notions ont été classées par ordre alphabétique.

AdSense : Régie publicitaire de Google. Plus de 2 millions d'éditeurs (gros sites ou petits blogs) dans le monde diffusent des annonces publicitaires avec AdSense.

Affiliation : L'affiliation est une relation entre un marchand (affilieur), un site Web tiers (affilié) et une plateforme d'affiliation. Le site Web tiers est chargé de faire la promotion des produits du marchand moyennant le versement d'une commission à chaque vente qui a pour origine le site de l'affilié.

Alt : L'attribut HTML "alt" vous permet de fournir un texte alternatif pour l'image, au cas où, pour une raison ou une autre, elle ne puisse pas être affichée.

Amazon : Premier site e-commerce au monde. Amazon a inventé en 1996 le concept d'affiliation.

Android : C'est le système d'exploitation des tablettes et mobiles développés par les constructeurs alternatifs à Apple : Samsung, LG, Sony, HTC, Wiko, etc.

Annonceur : C'est le terme utilisé en communication pour désigner l'entreprise qui achète une campagne de publicité pour promouvoir sa marque ou ses produits.

Attaque DDOS : Une attaque par déni de service (denial of service attack, d'où l'abréviation DoS) est une attaque informatique ayant pour but de rendre indisponible un service, d'empêcher les utilisateurs légitimes d'un service de l'utiliser.

B2B : Business to Business. Modèle d'activité où une entreprise a pour clients d'autres entreprises. Les agences de communication, de presse, les créateurs de sites internet, les consultants ont un modèle d'activité B2B.

B2C : Business to Consumer. Modèle d'activité où l'entreprise a pour clients finaux de vrais consommateurs. L'entreprise doit calquer ses offres sur des besoins grand public : gratuité, bas prix, intuitivité.

Bannière : Bandeau publicitaire qui s'affiche sur un site Internet. Les bannières peuvent être de différents formats (ex: 300x250, 728x90), contenir de simples visuels ou des animations flash.

Bénéfice : Recettes brutes - charges.

Blog : Journal personnel sur internet où l'information est publiée par ordre antéchronologique (article le plus récent en premier, article le plus ancien en dernier).

Blacklist : Liste noire en français. C'est une sorte de liste d'exception qui agit en négatif. Les éléments figurant dans la blacklist feront l'objet d'un blocage.

Boutons de partage sociaux : Boutons Facebook, Twitter, Google+ à placer en début et en fin d'article pour permettre à vos lecteurs de distribuer vos articles sur les médias sociaux.

Business Model : C'est comment une entreprise arrive à créer de la valeur (dégager un chiffre d'affaires) à partir de son activité.

Cache Web : La mise en cache de documents Web (ex : page Web, images) est utilisée afin de réduire la consommation de bande passante, la charge du serveur Web (les tâches qu'il effectue) ou améliorer la rapidité de consultation lors de l'utilisation d'un navigateur Web.

Charges : Ensemble des achats et des frais engagés pour les besoins de votre blog. On comptabilise les frais d'hébergement, les frais d'installation de WordPress, les prestations de design, les dépenses d'électricité et de connexion Internet, ainsi que les cotisations sociales que vous payez au RSI.

Chiffre d'affaires : Recettes totales d'une entreprise sur une année avant paiement des charges.

Clic : Action de pression de la souris sur un élément cliquable.

Commission : C'est le pourcentage que reçoit un intermédiaire lorsqu'il arrive à transformer un visiteur en acheteur.

Compression d'image : Action de réduire le poids d'une image en rognant sur la qualité et en utilisant un format d'image compressé comme le jpeg.

Cookie : Fichier texte qui permet d'identifier l'internaute de façon unique et anonymisée. Est utilisé pour le suivi statistiques et la publicité ciblée.

Cotisations sociales : Charges à payer au régime social des indépendants. Elles servent à financer les dépenses de santé et le régime de retraites des affiliés au RSI.

CPC : Coût par clic. C'est le prix qu'est prêt à payer un annonceur pour un clic sur une de vos annonces publicitaires.

CSS : Langage de mise en forme qui permet de personnaliser le design d'une page HTML.

CTR : Le taux de clic (Click Trough Rate en anglais) mesure le nombre de clics publicitaires sur le nombre de pages vues avec publicité.

Curation : Action de sélectionner, hiérarchiser, organiser les éléments récupérés pendant une veille. Cela peut être matérialisé par un simple retweet (partage sur Twitter) ou par un article de blog qui ressemble à une revue de presse.

DES : Déclaration européenne d'échange de services. Déclaration à faire tous les mois quand on réceptionne des revenus en dehors de France issus de l'Union Européenne.

Display : Ce sont tous les formats visuels d'annonces publicitaires que l'on peut rencontrer sur Internet, on parle souvent de bannières. Le format d'annonce standard est le rectangle medium (300x250 pixels).

Domaine : Quand on parle d'un domaine, on sous-entend un nom de domaine. C'est-à-dire une adresse simplifiée qui permet d'accéder à un site Web.

eCPM : Effective cost per mille, soit le coût réel d'un format publicitaire pour 1 000 affichages en français.

Entreprise individuelle : Entreprise dirigée par une seule personne. Pas de personnalité juridique distincte, le dirigeant engage ses biens propres en cas de faillite.

Extension de domaine : Aussi appelé domaine de 1er niveau (TLD : Top Level Domain en anglais) correspond au petit suffixe (.fr, .com, .info, . mobi) qui apparaît à la fin de votre nom de domaine.

Faille de sécurité : Dans le domaine de la sécurité informatique, une vulnérabilité ou faille est une faiblesse dans un système informatique, permettant à un attaquant de porter atteinte à l'intégrité de ce système.

Feedburner : Outil d'agrégation de flux RSS qui appartient à Google.

Fil d'Ariane : En anglais, breadcrumb, par allusion aux miettes de pain utilisées par Le Petit Poucet, est, en ergonomie et plus particulièrement de nos jours dans le domaine de la conception d'interfaces informatiques, une aide à la navigation sous forme de signalisation de la localisation du lecteur dans un document (très souvent, une page d'un site Web).

Flux RSS : RSS signifie Really Simple Syndication (syndication vraiment simple). Chaque blog exporte son contenu à travers un flux RSS. Les visiteurs peuvent en s'y abonnant suivre chaque nouvel article posté.

Freemium : On vous donne accès au service gratuitement avec des limites d'utilisation correspondant aux besoins les plus basiques. Si vous êtes un gros utilisateur qui veut plus de fonctionnalités, il faut alors payer le service premium.

FTP : Protocole qui permet d'envoyer vos fichiers HTML sur un serveur. On utilise pour cela un client FTP (logiciel comme Filezilla ou Cyberduck). Avec un client FTP on va pouvoir transférer sur son site Web chaque nouvelle page HTML qui aura été créée.

Google : Moteur de recherche le plus utilisé dans le monde et première régie publicitaire Internet en chiffre d'affaires.

H1 : Le langage HTML est composé de balises sémantiques qui sont là pour vous aider à structurer votre article. La balise H1 (titre de niveau 1) doit être utilisée pour le titre de votre article. En général, il est assez proche de la balise Title (le titre du blog à la fin en moins). Comme la balise Title, vous ne devez utiliser qu'une seule balise H1.

H2, H3 : Pour structurer le reste de votre article, vous pouvez utiliser des sous-titres de niveau 2 (H2). Et si au sein de ses sous-titres, vous devez encore générer des sous-rubriques vous pouvez imbriquer des titres H3 de niveau 3. Vous pouvez utiliser plusieurs balises H2 et H3 dans un article.

Hébergement mutualisé : Ressources et coûts d'hébergement partagés entre plusieurs sites. Ce qui permet d'arriver à une équation où vous profitez d'un hébergement de qualité à très bas prix.

HTML : C'est un langage de mise en forme qui permet grâce à un système de balises (exemples : <title>, <h2>, <img>, <p>) de structurer une page Web. Tous les navigateurs internet (Chrome, Firefox, Internet Explorer,...) interprètent les fichiers HTML pour pouvoir afficher pendant votre surf une page qui contient un titre (<title>), plusieurs sous titres (<h1>,<h2>,<h3>,...), des images (<img>), du texte (<p>), des liens (<a>),...

Impressions publicitaires : Nombre de fois où un format publicitaire est affiché. Si vous avez 3 formats publicitaires sur une page et 1 000 PAP, on comptera 3 000 impressions publicitaires.

Inbound Marketing : Marketing de contenu. Grâce à la production de contenus gratuits, on arrive dans la durée à transformer quelques prospects en clients d'offres à haute valeur ajoutée.

iOS : C'est le système d'exploitation des terminaux iPhone et iPad de la marque Apple.

IP : Numéro d'identification attribué à une machine sur Internet. On peut facilement interdire l'accès à un site par IP ou par plages d'IP.

Lien : Élément cliquable dans une page qui permet d'accéder à une nouvelle page.

Liens contextuels : Les robots de Google AdSense vont analyser le contenu textuel de votre page et vont afficher aux internautes des publicités au format texte qui sont dans le même champ lexical que votre article.

Liens sponsorisés : Liens publicitaires qui s'affichent dans les résultats de recherche.

Ligne de flottaison : Sur un écran d'ordinateur et plus particulièrement sur un navigateur, la ligne de flottaison est la ligne qui sépare la partie d'une page Web visible lors du chargement de la partie invisible, qui est accessible uniquement avec l'utilisation de la barre de défilement (barre de scroll verticale).

Mentions légales : Page Web qui indique qui a la responsabilité du contenu publié.

Micro-entreprise : Entreprise individuelle dont le chiffre d'affaires est inférieur à 32 900 € sur un an pour une activité de prestation de services.

Modération a priori : Tous les commentaires sont soumis à modération avant publication.

Modération a posteriori : Les commentaires sont publiés automatiquement sur le site sans modération.

MySQL : Système de gestion de base de données qui vous permet de gérer des règles de stockage, d'affichage, d'édition, de modification, de suppression de vos articles.

Native advertising : Format publicitaire qui se confond avec du contenu éditorial classique. publi-éditorial à la frontière entre publicité classique et article de blog.

Newsletter : Lettre d'information périodique envoyée par email.

Nofollow : Attribut à ajouter à un lien pour indiquer aux moteurs de recherche de ne pas le suivre.

Nom de domaine : Adresse simplifiée qui permet d'accéder à un site Web.

Open source : Quand on parle de logiciel ou d'outil disponible en open source, cela veut dire que l'outil est disponible pour tous (très souvent gratuit) et que nous sommes autorisés à le modifier et à le redistribuer.

Opt-in : Les notions d'opt-in et d'opt-out se réfèrent à la manière dont le consentement d'une personne a été recueilli en vue de l'usage de ses données (envoi d'une newsletter, inscription à un jeu...). Dans le cas d'un consentement par opt-in , la personne a donné son consentement préalable, volontaire et manifeste avant usage des informations collectées.

Opt-out : Le consentement préalable n'est pas demandé. Seule est laissée la possibilité de se désinscrire.

OS : Operating system ou système d'exploitation en français. Les ordinateurs de bureau tournent principalement grâce à l'OS Windows de Microsoft. Sur mobiles et tablettes, les OS Android et iOS dominent en termes de part de marché.

Outil de publication : C'est un outil Web qui permet de publier du contenu de façon très fluide sans que vous ayez à faire intervenir un expert technique. On parle aussi de CMS : Content Management System en anglais.

Pages vues : Le nombre de fois où les pages d'un site ont été chargées entièrement sur une période de temps donnée (heure, jour, semaine, mois).

Panda : Google Panda est un filtre algorithmique qui a été déployé par Google en 2011. L'objectif de ce filtre est de dépositionner des résultats de recherche Google les pages de mauvaise qualité. Le filtre agit sur l'ensemble de votre site.

Panier moyen : C'est le montant moyen dépensé sur un site e-commerce. Chiffre d'affaires / nombre de commandes.

Partage de revenu : C'est le pourcentage de reversement négocié entre une régie et un éditeur. Le taux de régie est en général de l'ordre de 30 %, et le taux de partage pour l'éditeur de 70 %.

PAP (ou pages vues avec publicités) : Si vous diffusez sur toutes vos pages des blocs d'annonces AdSense, votre nombre de pages vues avec publicité issu d'AdSense sera égal au nombre de pages vues de votre site (Analytics). Si vous avez 3 blocs d'annonce sur une même page, on comptera une page vue avec publicités et 3 impressions publicitaires.

PHP : Langage qui permet d'afficher de façon dynamique vos articles sur votre site. Grâce à PHP, plus besoin de transférer via FTP des fichiers HTML chaque fois que vous rédigez un nouvel article, c'est géré par WordPress en ligne.

Pixel : C'est l'unité de mesure d'un écran. Les dimensions d'un élément graphique sont exprimées en pixels (px) par une largeur et une hauteur. Le format publicitaire standard (rectangle medium) mesure 300 pixels en largeur et 250 pixels en hauteur. Par convention, on écrit 300x250 px.

Post : Un post (anglicisme) c'est tout simplement un article de blog ou un message déposé sur un forum.

Premium : Version payante d'un service vous permettant de profiter de plus fonctionnalités et de moins de limites que la version gratuite.

Recettes : Revenus bruts générés grâce à votre activité.

Rectangle medium : Format publicitaire standard sur le web qui fait 300 pixels en largeur et 250 pixels en hauteur.

Redirection : Action de rerouter une page A vers une page B de façon permanente ou temporaire.

Référencement naturel : Toutes les techniques qui permettent d'optimiser des pages Web pour qu'elles soient indexées et bien positionnées dans les résultats naturels des moteurs de recherche. On parle aussi souvent de SEO (search engine optimization) : optimisation pour les moteurs de recherche. Tout ce qui est naturel est gratuit.

Référencement payant : Achat de liens sponsorisés dans les résultats publicitaires des moteurs de recherche. On parle aussi souvent de SEM (search engine marketing) ou de SEA (search engine advertising). Tout ce qui est publicitaire se paye. Vous n'achetez que si votre annonce génère un clic.

Registrar : Un bureau d'enregistrement ou un registraire de nom de domaine (registrar en anglais) est une société ou une association gérant la réservation de noms de domaine, dans les domaines de premier niveau où il n'y a pas de vente directe pour le registre de noms de domaine.

Réseau social : Espace communautaire en ligne ou les individus d'un même groupe sont reliés entre eux et peuvent communiquer de façon privée ou publique. Facebook, Twitter, Google+ sont des réseaux sociaux.

Responsive Web Design (RWD) : Technique de mise en page d'un site Web qui permet d'avoir un design qui s'adapte en fonction des tailles d'écran. Au lieu d'avoir plusieurs fichiers de mise en page, on n'en a qu'un seul qui est dynamique. Grâce au RWD, la taille de la police d'écriture et le nombre de colonnes s'adaptent en fonction de votre écran pour vous assurer que quel que soit le terminal (PC, tablette, mobile) utilisé par un de vos lecteurs, il aura un confort de lecture optimal.

Robot ou bot : Agent logiciel automatique qui effectue tout le temps la même tâche.

RPM page : C'est le revenu pour 1 000 pages vues avec publicité. C'est exactement la même chose que l'eCPM (coût pour mille effectif). RPM = Revenus / 1 000.

RSI : Régime social des indépendants

Scroll : C'est l'action de faire défiler l'écran de son navigateur vers le bas pour voir l'intégralité du contenu de la page.

SEA : Search engine advertising, publicité sur les moteurs de recherche. On parle aussi de référencement payant.

SEO : Search engine optimization, optimisation pour les moteurs de recherche. On parle aussi de référencement naturel.

SEM : Search engine marketing, marketing des moteurs de recherche. Pour certains SEM englobe le SEO et le SEA, pour d'autres, le SEM, c'est le SEA.

SMO : Social media optimization, optimisation pour les médias sociaux.

Sous-domaine : C'est un sous-niveau du nom de domaine (préfixe du domaine). On l'utilise pour attribuer une adresse simplifiée à une partie du site Web.

Spam de commentaire : Message, souvent accompagné de plusieurs liens, envoyé de façon massive dans les commentaires d'un blog dans le but de tromper les moteurs de recherche.

Sprite CSS : Technique de mise en page Web qui consiste à charger plusieurs images dans une page en n'appelant qu'un seul fichier image au chargement de la page. Toutes les images filles sont imbriquées dans une image mère.

Spyware : Un spyware est un logiciel malveillant qui s'installe dans un ordinateur dans le but de collecter et transférer des informations sur l'environnement dans lequel il s'est installé, très souvent sans que l'utilisateur en ait connaissance.

Tag asynchrone : C'est un script ou un bout de code qui se charge indépendamment des autres éléments de votre page. Votre page pourra s'afficher complètement sans ce tag. Quand vous faites appel à des bouts de codes extérieurs à votre domaine, vous avez intérêt à les appeler en asynchrone. Google analytics, AdSense, Facebook, Twitter fournissent des tags asynchrones pour vous permettre d'afficher le contenu de votre page tout de suite et les scripts statistiques, publicitaires, de partage social après.

Taux de conversion : C'est le nombre d'actions rapporté au nombre de visites. L'action peut être le remplissage d'un formulaire, le téléchargement d'une application, ou la vente d'un produit.

Texte de lien : Mot-clé affiché sur une page A qui pointe grâce à un lien hypertexte vers une page B. Google donne un poids fort au texte de lien pour bien positionner une page dans ses résultats de recherche naturels.

Thème : Un thème de blog comprend un ensemble de fichiers HTML, CSS et images. Ces fichiers sont préparés par un Web designer dans l'optique de personnaliser l'interface graphique d'un blog.

Title : Élément obligatoire d'une page HTML. La balise Title permet d'afficher le titre de votre page dans le navigateur internet du visiteur et d'afficher le titre de la page d'une réponse apparaissant dans un moteur de recherche.

URL : Unique Resource Locator en anglais. C'est un acronyme qu'on utilise régulièrement pour désigner l'adresse Web d'une page de votre site.

User-Agent : Un agent utilisateur est une application cliente utilisée avec un protocole réseau particulier; l'expression est plus généralement employée comme référence pour celles qui accèdent au World Wide Web. Les agents utilisateur du Web vont de la gamme des navigateurs jusqu'aux robots d'indexation, en passant par les lecteurs d'écran ou les navigateurs braille pour les personnes ayant une incapacité.

Veille : Action de surveiller tout ce qui se dit sur un sujet donné. Dans les métiers du Web, il est indispensable d'avoir une veille quotidienne sur les technologies, les dispositifs réglementaires, le marketing, les usages en plein essor.

Vidéos Vues : Nombre de chargements différents d'une vidéo depuis sa date de diffusion.

Visite : Consultation d'au moins une page d'un site au cours d'une session utilisateur.

Visiteur unique : Individu qui consulte un site, une application Internet, une partie ou un ensemble de sites ou d'applications Internet, au cours d'une période définie.

Web Analytics (outil) : Outil de mesure de fréquentation qui permet de connaître de manière fine le nombre visites, visiteurs uniques, pages vues, provenances générés par votre site Web. Pour mettre en place un suivi analytics sur votre site, il suffit d'ajouter un tag sur l'ensemble de vos pages (en bas de page) et de se connecter à une interface web pour avoir une restution des métriques. Google Analytics et Piwik sont des outils gratuits de Web Analytics.

Whitelist : Liste blanche en français. C'est une sorte de liste d'exception qui agit en positif. Les éléments figurant dans la whitelist ne seront pas bloqués contrairement à la règle générale.

WordPress : Première plateforme de blog utilisée dans le monde.

Outils Web et plugins WordPress

Voici un récapitulatif de 38 outils Web et plugins WordPress que je vous recommande d'utiliser pour transformer votre blog en BlogBuster. Les outils et plugins sont classés par ordre d'apparition dans le livre.

Veillez à toujours mettre à jour les plugins WordPress que vous utilisez sur votre blog. Si vous ne les utilisez jamais, mieux vaut les supprimer. Certains plugins WordPress peuvent en effet contenir ponctuellement des failles de sécurité qui sont corrigées lors de leur mise à jour. Une faille de sécurité peut permettre à un pirate de prendre le contrôle sur votre blog à votre insu.

- **WordPress.org** : pour installer WordPress.

- **Domai.nr** : pour trouver un nom de domaine libre.

- **OVH** : offre d'hébergement et de nom domaine pour accueillir votre WordPress.

- **Travaux OVH** : suivi des travaux d'OVH.

- **Codex WordPress** : pour installer WordPress en cinq minutes.

- **Thème WordPress** : pour personnaliser votre design.

- **Page Speed** : pour auditer la vitesse de chargement de votre blog.

- **Browser Diet** : conseils pour alléger votre site.

- **WP super cache** : plugin de cache pour WordPress.

- **BJ Lazy Load** : optimisation du chargement des images.

- **Google Analytics** : pour mesurer la fréquentation de votre blog.

- **Google AdWords** : pour connaître les mots-clés les plus populaires et profils sociodémographiques de sites.

- **StatCounter Global Stats** : pour connaître les navigateurs, tailles d'écrans, terminaux les plus populaires.

- **Google Trends** : pour savoir quand préparer votre article.

- **Ubersuggest** : pour trouver des mots-clés pour vos titres d'article.

- **Akismet** : pour supprimer automatiquement les spams dans vos commentaires.

- **Better WordPress Comments** : pour mettre en avant les derniers commentaires.

- **Suscribe to Comments** : pour permettre à vos visiteurs de s'abonner à vos commentaires.

- **SEO starter Guide** : le guide officiel du référencement naturel par Google.

- **Google Webmaster tools** : pour suivre votre référencement sur Google.

- **WordPress SEO by** Yoast : plugin Yoast pour bien référencer votre blog WordPress.

- **YARPP** : pour afficher des articles liés en fin d'article.

- **SEO Friendly Images** : pour générer automatiquement des balises alt à vos images.

- **WP touch** : pour afficher votre blog WordPress sur mobile.

- **WP Socialite** : boutons de partage sociaux asynchrones.

- **DLVR.it** : pour partager automatiquement vos articles sur les réseaux sociaux.

- **FeedBurner** : pour transformer votre flux RSS en newsletter.

- **PhpList** : outil de gestion d'emailing 100% gratuit.

- **AdSense** : pour monétiser votre blog avec de la publicité.

- **CM Tooltip Glossary** : pour installer un glossaire sur votre blog.

- **Business Directory Plugin** : pour installer un annuaire sur votre blog.

- **Club Partenaires Amazon** : pour gagner de l'argent grâce à l'affiliation.

- **Screencast-o-Matic** : pour créer des tutoriels vidéo.

- **YouTube** : pour publier vos tutoriels vidéos.

- **YouTube Analytics** : pour suivre l'audience de vos vidéos.

- **Lautoentrepreneur.fr** : pour créer une micro-entreprise et déclarer vos cotisations.

- **Impots.gouv.fr** : pour payer vos impôts.

- **Pro.douane.gouv.fr** : pour faire vos DES.